Chuck Gianotti u. a.

QUALIFIZIERT

Biblische Standards (nicht nur) für Älteste

Titus 1,6-9
1. Timotheus 3,2-7
1. Petrus 5,1-4
Apostelgeschichte 20,28

Chuck Gianotti u. a.
QUALIFIZIERT
Biblische Standards (nicht nur) für Älteste
Titus 1,6-9; 1. Timotheus 3,2-7; 1. Petrus 5,1-4; Apostelgeschichte 20,28

Best.-Nr. 271 682
ISBN 978-3-86353-682-4
Christliche Verlagsgesellschaft Dillenburg

Best.-Nr. 180 176
ISBN 978-3-85810-522-6
Verlag Mitternachtsruf, www.mnr.ch

Titel des amerikanischen Originals:
Christian Maturity: Based on the Qualifications for Biblical Elders

1. Auflage

www.cv-dillenburg.de

Übersetzung: Michelle Träger, Mücke
Lektorat: Marco Vedder, Bad Kissingen
Satz und Umschlaggestaltung: Christliche Verlagsgesellschaft Dillenburg

Druck: ARKA, Cieszyn
Printed in Poland

INHALTSVERZEICHNIS

FAMILIE

PERSÖNLICH

BEZIEHUNGEN

DANKSAGUNGEN

Dieses Buch ist ein gemeinsames Projekt der Teammitglieder von *Biblical Eldership Resources*. Außerdem sind wir dankbar für viele Älteste, die (ohne es zu wissen) durch ihren Input und ihre Rückmeldungen unser Verständnis dieser Qualifikationen erweitert und uns gezeigt haben, dass es sich nicht nur um Voraussetzungen für die Leiter der Gemeinde handelt, sondern um Eigenschaften, die alle Christen anstreben sollten.

Erstmalig wurden wir durch John Hopler und die *Great Commission Churches Organization* auf den Gedanken eines „Qualifikations-Tests" aufmerksam. Wir haben diese Idee aufgenommen und ausgebaut, um ein tiefergehendes Studium zu ermöglichen. Aber wir möchten uns für ihre Vorarbeit bedanken.

Wir widmen dieses Buch den Ältesten örtlicher Gemeinden weltweit, die tagein und tagaus „die Herde Gottes hüten". Ihr treuer und aufopfernder Dienst wird mit der Krone des Lebens angemessen belohnt werden, wenn der Oberhirte wiederkommt (1Petr 5,2.4). Obwohl wir beim Schreiben dieses Buches vorwiegend Älteste und potenzielle Älteste im Blick hatten, werden auch viele andere Leser davon profitieren. Bekannte Prediger und Autoren mögen heutzutage ins Rampenlicht gestellt werden, aber die Gemeindeleiter vor Ort sind die wahren geistlichen Helden, auch wenn sie unentdeckt und unbekannt bleiben.

Möge der HERR Ältesten anhand dieses Buches helfen, charakterlich zu wachsen und fähiger zu werden, die Herde Gottes zu hüten. Und wir beten, dass auch solche, die ihnen über die Schultern schauen und von ihnen lernen, auf ihrem eigenen Weg zur geistlichen Reife gesegnet werden.

Das Team von *Biblical Eldership Resources*

VORWORT

Das Buch *Qualifiziert – Biblische Standards (nicht nur) für Älteste* fordert dazu heraus, auf dem Weg zu geistlicher Reife in 31 Bereichen charakterlich zu wachsen. Die Ältesten einer Gemeinde sollen darin Vorbilder sein, aber genauso sollten alle Christen danach streben, sie in ihrem Leben umzusetzen.

Das *Biblical-Eldership-Resources*-Team hat diese Eigenschaften für einen hilfreichen Test zur persönlichen Analyse zusammengestellt. Nach einer knappen Erklärung zum Hintergrund der zentralen Bibelstellen wird jede Eigenschaft kurz erklärt. Es folgen Fragen zur Selbsteinschätzung. Das Buch eignet sich zum Selbststudium oder auch in Mentoren-Beziehungen.

Ich empfehle dieses Buch als ein sehr hilfreiches Werkzeug für alle Christen, die den Wunsch haben geistlich zu wachsen.

Alexander Strauch, Autor von *Biblische Ältestenschaft*

EINFÜHRUNG

Das Neue Testament nennt uns Qualifikationsmerkmale für Älteste einer örtlichen Gemeinde. Die Zielgruppe dieses Büchleins sind Älteste und potenzielle Älteste. Viele haben schon bemerkt, dass alle diese Kennzeichen in manchen Bibelstellen auch als allgemeiner Maßstab für geistliche Reife zu finden sind. Aber für Älteste ist es interessant zu wissen, dass in zwei Aufzählungen exakt diese Merkmale als Voraussetzungen für den Ältestendienst genannt werden. Dazu kommen dann auch noch einige andere Bibelstellen. Im Grunde genommen sind die Voraussetzungen für Älteste Kennzeichen geistlich reifer Christen, nach denen wir uns alle ausstrecken sollten. Sie zu studieren ist empfehlenswert für alle, die sich nach geistlichem Wachstum sehnen.

Wie man den größtmöglichen Nutzen aus dieser Arbeitshilfe bekommt

Geistliches Wachstum geschieht durch Lesen und Überdenken, aber auch durch Anwendung und Umsetzung. Damit die Leser aus diesem Studium den größtmöglichen Nutzen ziehen können, haben wir zu jedem Eignungsmerkmal eines Ältesten eine Lektion zusammengestellt. Sie werden in sechs verschiedene Kategorien zusammengefasst. Für jedes Merkmal haben wir die entsprechende(n) Bibelstelle(n) angegeben sowie eine kurze Zusammenfassung, eine Beschreibung und dazugehörige Bibelverse hinzugefügt, die allen Christen gelten. Dazu kommen jeweils vier Fragen (die wir weiter unten erklären), die zur Einschätzung der eigenen geistlichen Reife helfen können.

Man könnte nun sofort mit dem Studium beginnen, aber um den größtmöglichen Gewinn davon zu haben, empfehlen wir, mit den folgenden Hintergrundinformationen und den Vorschlägen zum Gebrauch des Materials weiterzumachen. Das wird helfen, die Qualifikationen im Zusammenhang zu verstehen.

Einige Schwierigkeiten ...

Die Eignungsmerkmale werden in unterschiedlichen Auflistungen unterschiedlich benannt, da es in der deutschen Sprache oft kein einheitliches Wort für den zugrundeliegenden griechischen Ausdruck gibt. Unterschiedliche Ausdrücke finden wir nicht nur in den unterschiedlichen Bibelübersetzungen, sondern sogar innerhalb einer Übersetzung. Wir haben uns bemüht, diese Ausdrücke zu ordnen, sind uns aber sehr wohl bewusst, dass es manchmal zu Überschneidungen kommt, da die Übersetzer oft um die genaue Wiedergabe ringen. In manchen Fällen haben wir um der Kontinuität willen den griechischen Originalbegriff gebraucht, auch wenn dieser nicht mit allen deutschen Übersetzungen übereinstimmt. Das ist eine Frage des Vorgehens, die dem Durchschnittsleser keine Probleme bereiten sollte, höchstens demjenigen, der auf Details achtet. Wenn nicht anders vermerkt, haben wir die *Elberfelder Bibel* benutzt.

Für alle Christen ...

Während diese Listen streng genommen an Älteste gerichtet sind, macht die Bibel an anderen Stellen deutlich, dass solches geistliches Wachstum bei allen Christen zu sehen sein sollte. Jeder Gläubige sollte nach diesen Eigenschaften streben, wobei man bei Ältesten im Vergleich zu anderen Gemeindemitgliedern bereits eine gewisse Reife voraussetzt. Deshalb halten wir diese Eigenschaften für einen ausgezeichneten Maßstab für alle Christen.

Bei den Beschreibungen der Voraussetzungen für Älteste haben wir Bibelstellen angegeben, die direkt oder indirekt deutlich machen, dass sie für alle Christen gelten. Einige Zusammenhänge sind sehr deutlich – z. B. sollte ein Ältester gastfrei sein (1Tim 3,2), aber ebenso alle Christen (als Folge eines hingegebenen, opferbereiten Lebens, Röm 12,1–2.13). Andere Zusammenhänge sind mehr als Parallelen zu sehen – z. B. muss ein Ältester vom Heiligen Geist berufen sein, um den Ältestendienst auszuüben (Apg 20,28). Genauso ist aber auch jeder einzelne Gläubige vom Heiligen Geist berufen und hat eine Gabe bekommen, die er oder sie ausüben soll (1Kor 12,7-11). Während es in 1. Timotheus 3,1 heißt, dass Älteste „lehrfähig" sein sollen, lesen wir auch, dass reife Christen „der Zeit nach Lehrer" sein sollten (Hebr 5,12).

Männer, die es sich zum Ziel gesetzt haben, diese Charaktereigenschaften eines Ältesten anzunehmen und umzusetzen, werden damit zu einem lebendigen Vorbild, wie man als Mensch immer mehr zu Gottes Ebenbild werden kann. Anders ausgedrückt:

Durch ihr authentisches Vorleben eines christlichen Charakters leiten die Ältesten ihre Gemeinde zu geistlicher Reife. Sie leiten, indem sie im Streben nach geistlichem Wachstum vorangehen.

Wir beten, dass dieses Buch zum Segen für *alle* Christen wird, ebenso für diejenigen, die Gott als Älteste berufen hat.

Für Älteste und Kandidaten

Wir empfehlen einem potenziellen Ältesten, dieses Unterrichtsmaterial zusammen mit seiner Frau durchzuarbeiten und anschließend die angehängten Fragen zu beantworten, um dabei herauszufinden, inwiefern er den Anforderungen der jeweiligen Qualifikation gerecht wird.

Außerdem schlagen wir vor, dass ein aktiver Ältester und ein anderer Verantwortlicher der Gemeinde (der den Kandidaten gut kennt) ihn anhand der vier Fragen zu den jeweiligen Qualifikationen einschätzt.

Männer, die sich auf den Ältestendienst vorbereiten möchten

Da uns bewusst ist, dass wir Menschen meist zur Selbsttäuschung neigen, schlagen wir ein gemeinsames Studium des Materials vor, um eine realistische Selbstwahrnehmung zu bekommen. Das kann zusammen mit einem Mentor geschehen, mit jemanden, dem man Rechenschaft ablegen möchte, oder als Ehepaar. Die Ziele sind: (1) Ermutigung, weil du geistliches Wachstum in deinem Leben erkennst, und (2) Bereiche zu erkennen, in denen es dir noch an geistlicher Reife fehlt (die dir im Moment vielleicht noch nicht bewusst sind). Das gemeinsame Studium ist ein hilfreiches Werkzeug in der Anwendung des Schriftwortes: „*Eisen wird durch Eisen geschärft, und ein Mann schärft das Angesicht seines Nächsten*" (Spr 27,17).

Wie viele Qualifikationsmerkmale gibt es?

Die Aufstellungen können unterschiedlich lang sein, weil bei Ähnlichkeiten verschiedene Charaktereigenschaften zusammengefasst werden. Wo es hilfreich erschien, haben wir uns bemüht, die unterschiedlichen Nuancen herauszuarbeiten. Unsere umfangreiche Liste lässt sich damit begründen, dass wir nicht nur 1. Timotheus 3 und Titus 1, sondern auch 1. Petrus 5 und Apostelgeschichte 20 in das Studienmaterial miteinbezogen haben. Somit kommen wir auf insgesamt 31 Qualifikationsmerkmale.

Wie genau sollte jemand die Vorgaben erfüllen?

Wenn wir uns aufrichtig und demütig die Kriterien für Älteste ansehen, müssen wir zugeben, dass niemand alle Voraussetzungen perfekt erfüllen kann. Wenn wir aber unzureichend qualifizierte Älteste vermeiden wollen, drängt sich die Frage auf, ob es eine Art „Mindestanforderung“ gibt. – Die Antwort auf diese Frage wird natürlich subjektiv ausfallen, muss aber gerade deshalb durchdacht werden. Manche Kriterien lassen sich leichter beurteilen als andere; so ist z. B. ein Mann, der ein außereheliches Verhältnis hat, eindeutig nicht qualifiziert. Andere hingegen sind schwieriger zu beurteilen (z. B.: Wie gehorsam sollten die Kinder sein?). Obwohl manche Merkmale von ihrer Natur her nicht eindeutig zu bewerten sind, gibt es trotzdem einiges dazu zu sagen.

In einer jungen Gemeinde, in der die meisten noch verhältnismäßig jung im Glauben sind, mag der Grad der geistlichen Reife nicht so hoch sein wie in einer Gemeinde, die schon lange besteht. Will die junge Gemeinde aber auf „sehr reife“ Leiter warten, ist sie möglicherweise länger führungslos oder macht sich dadurch vom Gemeindegründer oder Missionar zu sehr abhängig. Das kommt auf dem Missionsfeld tatsächlich häufig vor. Im Blick auf die biblischen Qualifikationsmerkmale ist es weise, wenn die Ältesten insgesamt reifer sind als die, für die sie verantwortlich sind.

Eine zu hoch gelegte Messlatte könnte jeden möglichen Hirten disqualifizieren. Legt man sie aber zu niedrig an, kann das Wirken des Heiligen Geistes stark behindert werden. Viele gute Gemeinden wurden dadurch zerstört, dass Älteste mit zweifelhaftem Charakter unnachgiebig an ihrem Ältestenamt festhielten. Deshalb kommen wir zu dem Schluss, dass diese Qualifikationen ein Maß darstellen, auf das sich ein Mann hinbewegt, und er sollte auf diesem Weg des geistlichen Wachstums weiter sein als die Menschen, denen er ein Hirte ist. Gleichzeitig sollte sich eine Gemeinde davor hüten, einen unzureichend qualifizierten Mann in ihre Leiterschaft zu berufen.

Und wer trifft die Entscheidung? Im Idealfall die bereits vorhandenen Ältesten, die qualifiziert sind und selber geistlich weiterwachsen. Sie sind in der Lage, die Männer zu erkennen, die zu geistlich reifen Christen heranwachsen. In einer jungen Gemeinde wären es der oder die Gemeindegründer oder die Missionare, die die Gemeinde ins Leben gerufen haben. Selbstverständlich sollte auch die Gemeinde selbst dazu gehört werden, denn schließlich fließen der Ruf und das Ansehen des Mannes in viele Qualifikationen mit ein.

Deshalb kommen wir zu dem Schluss, dass diese Qualifikationen ein Maß darstellen, auf das sich ein Mann hinbewegt, und er sollte auf diesem Weg des geistlichen Wachstums weiter sein als die Menschen, denen er ein Hirte ist. Gleichzeitig sollte sich eine Gemeinde davor hüten, einen unzureichend qualifizierten Mann in ihre Leiterschaft zu berufen.

Vorschläge für das Studium

Man befasst sich am besten mit jeder Qualifikation einzeln.

- Beginne mit Gebet.

- Lies die Ausführungen, schlage alle angegebenen Bibelstellen nach und untersuche den Kontext.

- Beantworte die vier Fragen am Schluss. Bete dabei um Gottes Hilfe, dich selbst im Blick auf dieses Merkmal realistisch einzuschätzen.

- Trage dein Ergebnis in die Tabelle am Ende des Buches ein.

- Nimm dir konkrete Schritte vor, durch die du in diesem Bereich wachsen kannst.

Wie können die Fragen zur Einschätzung hilfreich sein?
Die Fragen zur Einschätzung sind nicht dazu gedacht, die Geistlichkeit oder Reife eines Einzelnen generell zu bewerten, sondern um festzustellen, wie weit er an diese konkreten Eignungsmerkmale heranreicht: In welchen Bereichen macht er gute Fortschritte; an welchen muss er noch arbeiten? Beantworte jede Frage mit der entsprechenden Zahl:

❶ Nein
❷ Meist nein
❸ Neutral
❹ Meist ja
❺ Ja

Jede Frage sollte ausgefüllt werden! Wenn eine Frage nicht zutrifft (wie z. B. die Frage nach dem Verhalten der Kinder, wenn der Betreffende kinderlos ist), soll eine „5" eingetragen werden. Addiere anschließend die Ergebnisse zusammen und trage diese Zahl in die Gesamteinschätzung am Ende des Buches ein.

Maximal gibt es 625 Punkte; diese Zahl kann aber nur unser Herr Jesus Christus selbst erreichen! Es geht hier nicht um eine Einstufung oder Bewertung im Vergleich mit anderen, sondern darum herauszufinden, in welchen Bereichen es Raum für Verbesserungen gibt.

Der Nutzer dieses Arbeitsmaterials sollte sich mit solchen treffen, die ihn gut kennen und einschätzen können, und das Ergebnis mit ihnen besprechen. Geht noch einmal zusammen die Qualifikationen durch, besonders diejenigen mit einem niedrigen Ergebnis. Diese könnten ein Hinweis auf Lebensbereiche sein, die noch mehr Beachtung brauchen. Für jedes dieser „schwachen" Kriterien sollte anschließend ein Handlungsplan erstellt werden, um darin weiter geistlich wachsen zu können. Hier einige Beispiele:

- Auswählen und Auswendiglernen bestimmter Bibelabschnitte

- Gezielt Zeit im Gebet verbringen

- Einer anderen Person Rechenschaft über Wachstum in den jeweiligen Bereichen des Glaubenslebens ablegen

- Lesen von passenden Artikeln und Büchern

Vergiss nicht: Das Ziel ist geistliches Wachstum, damit du für andere ein nachahmenswertes Vorbild bist – sei es als Ältester, als potenzieller Leiter oder einfach, um durch einen von Gott geprägten Charakter ein geistliches Vorbild zu sein.

Möge der Herr dich segnen, indem du ehrlich dein geistliches Leben beurteilst und zu einem geistlichen Leiter und Vorbild wirst.

HINTERGRUNDINFORMATIONEN ZU DEN SCHLÜSSELVERSEN

Hier nun einige hilfreiche Hinweise zum Hintergrund der wichtigsten Textabschnitte und Hauptaussagen über biblische Qualifikationen von Ältesten:

1. Timotheus 3,1-7

Alles deutet darauf hin, dass Paulus' junger Schützling Timotheus in Ephesus lebte (1Tim 1,3; vgl. 2Tim 4,12-13). Davon ausgehend schrieb Paulus diesen ersten Brief an Timotheus, nachdem die Gemeinde in Ephesus bereits gut belehrt worden war; einerseits durch Priscilla und Aquila sowie durch Apollos, der ein glänzender Redner war und die Schrift gut kannte (Apg 18,2.19-28). Außerdem hatte Paulus selbst dort mehr als zwei Jahre verbracht und täglich in der Schule des Tyrannus gelehrt (Apg 19,8-10). Der Geschichtsschreiber Lukas berichtet in der Apostelgeschichte, dass in Ephesus „das Wort des Herrn mit Macht wuchs und sich als kräftig erwies". Der Brief des Paulus an die Gemeinde dort zeigt, dass die Zuhörer gereift waren (im Gegensatz zu der fleischlichen Gemeinde in Korinth). Paulus konnte hier weitere anspruchsvolle Themen ansprechen wie Gemeindeformen, tieferes Verständnis verschiedener Aspekte unserer Errettung, Auserwählung, Erlösung und Wiederherstellung usw.

Weiter erfahren wir in der Apostelgeschichte, dass Paulus am Ende seiner dritten Missionsreise einige Zeit mit den Ältesten von Ephesus verbrachte und dort seine berühmte Abschiedsrede hielt. (Jeder, der ein geistlicher Leiter sein möchte, sollte diesen Text lesen und auswendig lernen!) Die Gemeinde hatte damals also erkennbare Älteste. Daraus schließen wir, dass die Gläubigen in Ephesus – wo Timotheus lebte und diente – bereits eine solide Lehrgrundlage hatten und die Gemeinde relativ reif war.

> ***Wenn jemand nach einem Aufseherdienst trachtet, so begehrt er ein schönes Werk.***

Beachte, wie Paulus in diesem Brief an Timotheus den Abschnitt über die Voraussetzungen für den Ältestendienst einführt: „Das Wort ist gewiss: Wenn jemand nach einem Aufseherdienst trachtet, so begehrt er ein schönes Werk“ (1Tim 3,1). Paulus hatte in erster Linie diejenigen im Blick, die (noch) keine Ältesten waren. Dann aber spricht er allgemein: „Der Aufseher nun muss …“ Mit anderen Worten: Wenn jemand ein Ältester werden möchte, dann soll er so sein, wie es in den folgenden Versen beschrieben wird.

Es ist klar, dass niemand diese Voraussetzungen völlig erfüllen kann. Also sollte auch keiner so lange warten, bis er alle Forderungen hundertprozentig erfüllt, denn geistliche Reife ist ein fortlaufender Prozess, der erst in der Gegenwart des Herrn endet. Daraus folgern wir, dass diese „Qualifikationsmerkmale“ bereits benannten Ältesten helfen können, ihre eigene geistliche Reife zu überprüfen. Außerdem setzen sie einen Maßstab für geistliche Reife, den potenzielle Älteste beachten sollten. Es ist keine kalte, knallharte Liste zum Abhaken! Aber in den Händen von geistlich gesinnten Ältesten wird sie sich als enorm hilfreich erweisen. In diesem Zusammenhang ist der Wunsch, Ältester zu werden, der Wunsch nach „einem schönen Werk“ (Elberfelder), „einer schönen Aufgabe“ (NeÜ). Der Wunsch, ein Mann zu sein, der diesen Merkmalen entspricht, ist es, der die Aufgabe „schön“ macht – nicht die Position irdischer Macht.

Es sollte selbstverständlich sein, dass solche, die bereits Älteste sind, diese Ausführungen lesen und herausgefordert werden, diesem Maßstab gerecht zu werden. Älteste sollten ebenso wie alle anderen Christen kontinuierlich wachsen, sich weiterentwickeln und reifen. Paulus ist hier ein Vorbild, indem er sagt: „Nicht, dass ich es schon ergriffen habe oder schon vollendet bin: ich jage ihm aber nach, ob ich es auch ergreifen möge, weil ich auch von Christus Jesus ergriffen bin … Ich jage auf das Ziel zu, hin zu dem Kampfpreis der Berufung Gottes nach oben in Christus Jesus“ (Phil 3,12.14).

Titus 1,5-9

Demgegenüber schreibt Paulus an Titus über Leitung in Gemeinden, die noch nicht so reif sind. Er schreibt: „Deswegen ließ ich dich in Kreta zurück, damit du, was noch mangelte, in Ordnung bringen und in jeder Stadt Älteste einsetzen solltest, wie ich dir geboten hatte …“

(Tit 1,5). Dann zählt er die Charaktereigenschaften eines Ältesten auf. Der Ausdruck „was noch mangelte“ ist von dem griechischen Wort *leipo* abgeleitet und bedeutet: „was noch nicht erreicht wurde“, oder: „was noch fehlt“. In seinem Brief an Timotheus gebraucht Paulus diesen Ausdruck nicht, da die Gemeinde bereits fest etabliert war und schon Älteste hatte. Im Gegensatz dazu waren die Gemeinden in Kreta offensichtlich neu entstandene Gruppen von Gläubigen ohne strukturierte Leitung – das war es, was noch fehlte. Paulus hielt Gemeinden ohne Älteste für ungeordnet und unvollständig.

Im Kontext des Titusbriefs ist die Liste der Qualifikationsmerkmale also eher eine Liste von Voraussetzungen, um in den unerfahrenen Gemeinden auf Kreta potenzielle Älteste erkennen zu können. Nach diesen Charakterzügen sollten Männer streben, wenn sie einen Ältesten- oder Leitungsdienst in Erwägung ziehen.

Angesichts der unterschiedlichen Hintergründe der beiden Briefe haben manche versucht zu erklären, warum die Aufzählung im Timotheusbrief umfangreicher zu sein scheint als im Titusbrief. Eine solche Erklärung mag ihren Wert haben. Wir lassen uns auf solche Vermutungen nicht ein, sondern nehmen beide Aufzählungen zusammen. Damit wollen wir deutlich machen, was Gott sich für die geistliche Leitung einer Gemeinde wünscht – sowohl für solche, die es schon sind, als auch für potenzielle neue Älteste.

Apostelgeschichte 20,17-38

Obwohl wir hier (im Gegensatz zu 1. Timotheus 3 und Titus 1) keine Aufzählung von Qualifikationsmerkmalen für Älteste finden, ist Paulus’ Abschiedsrede an die Ältesten von Ephesus die ausführlichste an Älteste gerichtete Lehre in der Schrift, was die Aufgaben von Ältesten betrifft. Paulus zeigt sich hier als Beispiel für geistliche Leitung – etwas, das jeder Älteste sein sollte –, nämlich ein Vorbild, dem andere folgen können. In seinen Anweisungen an die Ältesten der verstreuten Christen am nordöstlichen Mittelmeer bestätigt Petrus diese Vorbildfunktion (1Petr 5,3).

Paulus fügt hier noch einen wichtigen Punkt zu der Liste der Voraussetzungen hinzu: Älteste sollen durch den Heiligen Geist berufen sein. „Habt acht auf euch selbst und auf die ganze Herde, in welcher der Heilige Geist euch als Aufseher eingesetzt hat, die Gemeinde Gottes zu hüten …“ (Apg 20,28). Weil die Berufung durch den Heiligen Geist die wichtigste Voraussetzung für den Ältestendienst überhaupt ist, haben wir sie in unser Studium mit aufgenommen.

1. Petrus 5,1-4

Der Apostel Petrus schrieb zwischen 60–62 n. Chr. an die Ältesten der zerstreuten und verfolgten Gläubigen in Galatien und Asien. Angesichts ihrer Schwierigkeiten ermahnte er sie, die Herde Gottes aus den richtigen, nicht aus selbstsüchtigen Beweggründen heraus zu hüten. Dass Älteste selbst in Zeiten von Verfolgung und Not einen guten Charakter und die richtigen Motive bewahren sollen, ist sein spezieller Beitrag zu den Voraussetzungen für Ältestenschaft.

VOM GEIST MOTIVIERT

Zusammenfassung:
Zuallererst wird ein Mann Ältester durch die Berufung des Heiligen Geistes, nicht aus eigenem Entschluss. Das ist seine vorrangige Motivation.

Schlüsselvers:
„Habt acht auf euch selbst und auf die ganze Herde, in welcher der Heilige Geist euch als Aufseher eingesetzt hat, die Gemeinde Gottes zu hüten, die er sich erworben hat durch das Blut seines eigenen Sohnes."
(Apostelgeschichte 20,28)

Beschreibung
Als Erstes gilt: Die wichtigste Voraussetzung für einen Ältesten ist, dass er vom Heiligen Geist selbst auserwählt und berufen wurde. Ebenso wie der Heilige Geist Barnabas und Paulus als die ersten Missionare „ausgesondert" und „berufen" hat (Apg 13,2-3), beruft Gott Männer zu der wunderbaren und wichtigen Aufgabe, als Hirten seine Herde zu hüten. Die übrigen biblischen Qualifikationsmerkmale werden am besten als Kriterien verstanden, anhand derer wir erkennen können, wen der Herr vorgesehen hat. Er ist es, der Männer in seinen Dienst stellt. Das steht ihm zu, denn es geht um seine Gemeinde, die er mit seinem eigenen Blut erkauft hat. Er zahlte einen hohen Preis für die Errettung der Seelen. Darum muss der Hirte vom Heiligen Geist selbst erwählt sein.

Älteste müssen das Bewusstsein und die feste Überzeugung haben, dass sie zu Gottes Freude dienen und von ihm auserwählt wurden. Dieses Bewusstsein ist die wichtigste Motivation, um die Herde überhaupt zu hüten – und es auch so gut zu tun, wie es Gottes bluterkaufter Gemeinde angemessen ist, die ihm unendlich wertvoll ist. Ein Ältester sollte nicht aus der Not heraus diesen Dienst übernehmen, oder weil er darum gebeten wurde, oder weil sonst die Ältestenschaft nicht beschlussfähig ist. Ebenso wenig reicht eine Bibelschul-Ausbildung aus, um Ältester zu werden. Das Amt eines Ältesten gilt auch nicht auf Lebenszeit, denn der Herr kann die „Aussonderung zum Dienst“ wieder rückgängig machen. Der Heilige Geist trifft die Entscheidung!

In erster Linie dienen Älteste nicht Menschen, sondern dem Herrn; ihm wollen sie gefallen, nicht den Menschen. Und weil Älteste dem Herrn dienen, sorgen sie sich um die, um die sich der Herr sorgt – nämlich um seine Herde. Anders ausgedrückt: Älteste dienen und sorgen für das Volk Gottes, weil sie dem Gott dienen, der sich um sie sorgt.

DAS GILT FÜR ALLE GLÄUBIGEN:

„Es gibt aber Verschiedenheiten von Gnadengaben, aber es ist derselbe Geist; und es gibt Verschiedenheiten von Diensten, und es ist derselbe Herr; und es gibt Verschiedenheiten von Wirkungen, aber es ist derselbe Gott, der alles in allen wirkt. Jedem aber wird die Offenbarung des Geistes zum Nutzen gegeben.“ *(1. Korinther 12,4-7)*

FRAGEN:

❶ Nein ❷ Meist nein ❸ Neutral ❹ Meist ja ❺ Ja

1. Bist du davon überzeugt, dass der Heilige Geist dich als Hirte für Gottes Volk beruft?	1
2. Bestätigt der Heilige Geist deinen Wunsch durch Empfehlungen von anderen Gläubigen aus deinem Umfeld?	1
3. Sprechen Indizien dafür, dass der Heilige Geist dich bereits gebraucht hat, um anderen als Hirte zu dienen?	1
4. Hat der Heilige Geist dich auch in anderen Dienstbereichen schon öfter bestätigt?	3
Trage das Resultat hier und in die Gesamteinschätzung am Ende des Buches ein.	6

EIN GOTTESFÜRCHTIGER WUNSCH

Zusammenfassung:
Ein Ältester muss den gottesfürchtigen Wunsch haben, die Aufgaben eines Aufsehers über die Gemeinde zu übernehmen, nicht nur die Position.

Schlüsselvers:
„Das Wort ist gewiss: Wenn jemand nach einem Aufseherdienst trachtet, so begehrt er ein schönes Werk."
(1. Timotheus 3,1)

Beschreibung
Die Schrift würdigt Männer, die gerne als Älteste dienen wollen, indem sie die Aufzählung der Qualifikationsmerkmale mit dem Hinweis beginnt: „Das Wort ist gewiss …". (Das scheint ein Code-Wort zu sein, um die Wichtigkeit herauszustellen – siehe auch 1Tim 1,15; 4,9; 2Tim 2,11.) Aber was steckt hinter diesem Wunsch? Auf keinen Fall sollte das Streben nach Macht oder Ehre der persönliche Ansporn sein; der Wunsch sollte in erster Linie in der Berufung durch den Heiligen Geist verwurzelt sein (Apg 20,38).

Beachten wir, dass der Schwerpunkt bei diesem Wunsch nicht auf dem Amt oder der Position liegt, sondern auf der Arbeit und den Aufgaben eines Ältesten. Dieser Zusammenhang lässt sich am letzten Satz erkennen, wo es heißt: „… begehrt er ein schönes Werk." Obwohl es menschlich ist, nach Ehre und Machtpositionen zu streben, sollten die Leiter einer Gemeinde nicht die Position suchen, sondern den von Gott gewirkten Wunsch haben, als geistliche Leiter zu arbeiten und zu dienen. Ein Ältester dient nicht zum eigenen Vorteil – „weder aus schändlicher Gewinnsucht … noch herrschend …" (1Petr 5,2).

Denn bei diesem Wunsch geht es um viel mehr als eine oberflächliche Bereitschaft zum Dienst. „Trachten" meint hier „nach etwas streben, sich nach etwas ausstrecken oder sich um etwas bemühen". Paulus stellt sich jemanden vor, der ein brennendes Herz hat, Gottes Volk zu hüten. Die eigentliche Aufgabe besteht darin, ein „Aufseher" zu sein, also jemand, der wie ein Hirte ein waches Auge auf seine Herde hat und bereit ist einzugreifen, wann und wie immer es nötig sein sollte.

Aus der engen Verbindung zwischen den Ausdrücken „Aufseher" und „Älteste" in den Paulusbriefen (1Tim 5,17.19; Tit 1,5.7) können wir schließen, dass die Aufgabe des „Aufsehers" die eines Ältesten ist. „Aufseher" (gr. *episkopos*) legt die Betonung auf die Funktion, während „Ältester" die Reife hervorhebt.

Wenn ein Mann vom Geist Gottes berufen wurde und den von Gott gewirkten Wunsch hat, Gottes Volk zu hüten, wird er infolgedessen auch danach streben, die in 1. Timotheus 3,2 7 von Paulus aufgeführten Qualifikations- oder Charaktermerkmale zu erfüllen.

DAS GILT FÜR ALLE GLÄUBIGEN:

„Eifert aber um die größeren Gnadengaben …"
(1. Korinther 12,31)

„Strebt nach der Liebe; eifert aber nach den geistlichen Gaben …" *(1. Korinther 14,1)*

FRAGEN:
❶ Nein ❷ Meist nein ❸ Neutral ❹ Meist ja ❺ Ja

1. Steckt hinter deinem Wunsch, Ältester zu sein, eine gottesfürchtige Motivation, Gottes Volk zu hüten, oder eher der Wunsch, selber voranzukommen?	5
2. Konzentriert du dich bewusst darauf, Gottes Volk zu dienen, und stellst du das über deine eigenen Hobbys?	5
3. Ist dir die geistliche Fürsorge für andere wichtig, auch wenn du kein Ältester bist?	4
4. Würdest du dich bereitwillig ohne Bitterkeit und Ärger unterordnen, sollte man beschließen, dass du derzeit kein Ältester werden sollst?	5
Trage das Resultat hier und in die Gesamteinschätzung am Ende des Buches ein.	19

BEREITWILLIG DIENEN

Zusammenfassung:
Ein Ältester ist jemand, der eifrig, bereitwillig und ehrenamtlich (mit oder ohne finanzielle Unterstützung) dient, weil er durch die Wiederkunft des Oberhirten motiviert ist.

Schlüsselvers:
„Hütet die Herde Gottes, die bei euch ist, nicht aus Zwang, sondern freiwillig, Gott gemäß." *(1. Petrus 5,2)*

Beschreibung
Offensichtlich ist es Gottes Wunsch, dass Älteste die Gemeinde freiwillig und gern leiten, nicht widerwillig. Der Ältestendienst kann, wenn er mit einem Hirtenherz und göttlicher Motivation ausgeübt wird, sehr schwierig sein. Viele Älteste mühen sich unter der Last. Wer nach Macht und Ehre strebt, wird bald ausbrennen, verkümmern oder entgleisen – und andere werden darunter leiden. Älteste zeichnen sich durch ihre Opferbereitschaft aus. Geld darf nicht der Hauptantrieb dafür sein, dem Volk Gottes als Hirte zu dienen. Ein Hirte hütet seine Herde, unabhängig von finanzieller Entlohnung. Falls es eine finanzielle Unterstützung gibt, ist sie nicht zur Motivation gedacht, sondern um dem Ältesten Zeit zu geben – damit er weniger Stunden für seinen Lebensunterhalt arbeiten muss und dem Hirtendienst mehr Zeit widmen kann.

Wenn jemand nicht bereit ist, Gottes Herde unentgeltlich zu hüten, wird ihn auch gute Bezahlung nicht dazu motivieren, ein Hirte nach Gottes Willen zu sein. Die Bereitwilligkeit muss mit Eifer, Enthusiasmus und Freude gepaart sein. Jemand mag sich als Hirte zur Verfügung stellen – aber das echte Hirtenherz zeigt sich, wenn er es mit Freude tut.

Was motiviert einen Ältesten zum fröhlichen und eifrigen Dienst, während er gleichzeitig die Last des Hirtendienstes trägt?

Die Antwort hierauf lautet: „Wenn der Oberhirte offenbar geworden ist, werdet ihr den unverwelklichen Siegeskranz der Herrlichkeit empfangen“ (1Petr 5,4).

DAS GILT FÜR ALLE GLÄUBIGEN:

„Wenn nun ich, der Herr und der Lehrer, eure Füße gewaschen habe, so seid auch ihr schuldig, einander die Füße zu waschen. Denn ich habe euch ein Beispiel gegeben, dass auch ihr tut, wie ich euch getan habe.“ *(Johannes 13,14-15)*

FRAGEN:

❶ Nein ❷ Meist nein ❸ Neutral ❹ Meist ja ❺ Ja

1. Zeigst du deine Begeisterung im Dienst für die Gemeinde (auch in praktischen Dingen)?	5
2. Gehörst du zu denen, die bereitwillig helfen, wenn sie gefragt werden oder Hilfe offensichtlich gebraucht wird?	5
3. Zeigst du in Zeiten der Gemeinschaft (auch vor und nach den Gemeindestunden) spontanes Interesse am geistlichen Ergehen der anderen?	4
4. Übernimmst du bereitwillig Verantwortung?	4
Trage das Resultat hier und in die Gesamteinschätzung am Ende des Buches ein.	18

NICHT WIDERWILLIG

Zusammenfassung:
Ein Mann soll nicht aus Zwang dienen, sondern aus Gehorsam dem Geist Gottes gegenüber.

Schlüsselvers:
„Hütet die Herde Gottes, die bei euch ist, nicht aus Zwang ..."
(1. Petrus 5,2)

Beschreibung
Paulus sagt zwar, dass er „schuldig" oder „verpflichtet" war, das Evangelium zu predigen (Röm 1,14), und wir verpflichtet sind, „nicht nach dem Fleisch zu leben", aber wir lesen nirgendwo in der Bibel, dass Einzelne „verpflichtet" sind, als Älteste zu dienen. Männer sollen nicht aus der Notwendigkeit heraus oder aus Zwang dienen, oder, wie ein Schreiber es ausdrückte: „Ich kann gar nicht anders ..." Wenn das ihr Hauptmotiv ist, sollten Männer, die unter Druck dienen – durch wen oder was auch immer –, keine Ältesten sein.

Es gibt zahlreiche Gründe, warum ein Mann aus Verpflichtung oder aus Druck Ältester wird: 1. weil andere es erwarten (u. U. auch die Ehefrau); 2. weil dringend mehr Leiter gebraucht werden; 3. wegen Minderwertigkeitsgefühlen oder dem Bedürfnis, „etwas erreichen zu müssen" (das macht einen anfällig dafür, persönliche Defizite auf ungeistliche Weise ausgleichen zu wollen); und 4. wegen der dringenden Nöte in der Gemeinde. Zweifellos gibt es in den meisten Gemeinden zu wenig geistliche Leiter, die zu persönlichen Opfern bereit sind, um verantwortlich über Geschwister zu wachen und sich um die geistlichen Bedürfnisse zu kümmern. Aber trotz aller Dringlichkeit sollten wir niemals andere in den Ältestendienst drängen oder uns selbst dazu drängen lassen.

Ein Mann, der sich vom Heiligen Geist gedrängt weiß, stellt fest, dass seine Motivation mit dem Geist Gottes übereinstimmt. Das wird an seinem bereitwilligen Eifer erkennbar. Aber man muss über menschliche Zwänge hinaussehen, um nicht blind für die Leitung des Heiligen Geistes zu werden. Und die bestehenden Ältesten müssen es dem Geist Gottes überlassen, diejenigen zu berufen, die er auserwählt hat, damit keine ungeeigneten, unwilligen Männer als unbrauchbare Hirten über Gottes Herde eingesetzt werden.

DAS GILT FÜR ALLE GLÄUBIGEN:

„Wie jeder eine Gnadengabe empfangen hat, so dient damit einander als gute Verwalter der verschiedenartigen Gnade Gottes! Wenn jemand redet, so rede er es als Aussprüche Gottes; wenn jemand dient, so sei es als aus der Kraft, die Gott darreicht, damit in allem Gott verherrlicht werde durch Jesus Christus, dem die Herrlichkeit ist und die Macht von Ewigkeit zu Ewigkeit! Amen.“ *(1. Petrus 4,10-11)*

FRAGEN:

❶ Nein ❷ Meist nein ❸ Neutral ❹ Meist ja ❺ Ja

1. Ist dein Wunsch, Ältester zu sein, frei von düsteren Vorahnungen und belastenden Gedanken?	5
2. Ermutigt dich deine Ehefrau liebevoll zum Dienst eines Ältesten, ohne dich dabei unter Druck zu setzen?	4
3. Hast du den aufrichtigen Wunsch, Ältestendienste zu tun, ohne dabei das Gefühl zu haben, dass du keine Wahl hast, weil die Gemeinde nun mal dringend Leiter braucht?	~~5~~ 3
4. Hast du dich mit allen Zweifeln und Gefühlen von Unzulänglichkeit oder Unsicherheit auseinandergesetzt, die dich hindern wollen, Ältester zu werden?	2
Trage das Resultat hier und in die Gesamteinschätzung am Ende des Buches ein.	14

UNTADELIG

Zusammenfassung:
Das Wort „untadelig“ ist der Oberbegriff für alle anderen Qualifikationen. Es bezieht sich auf den öffentlichen und persönlichen Charakter des Ältesten und die Qualität seines Lebens.

Schlüsselvers:
„Der Aufseher nun muss untadelig sein ...“ *(1. Timotheus 3,2)*

„Denn der Aufseher muss untadelig sein als Gottes Verwalter ...“ *(Titus 1,7)*

Beschreibung
Man kann alle Qualifikationen für Älteste in dem einen Wort „untadelig“ zusammenfassen. Das griechische Wort in 1. Timotheus 3,2 kann man mit „ohne Flecken“ und in Titus 1,7 mit „tadellos“ übersetzen. Diese Qualifikation schließt alle anderen Qualifikationen für Älteste mit ein. Damit beginnt die Aufzählung der Voraussetzungen in 1. Timotheus 3,2. Vers 7 fasst dann alles mit der Aussage zusammen, dass ein Ältester „einen guten Ruf“ oder „ein gutes Zeugnis“ haben muss.

Alle Kriterien, die nach „untadelig“ aufgezählt werden, sind Beispiele für das, was „untadelig“ heißt. Das Leben eines Ältesten sollte also keinen Anlass für persönliche Anschuldigungen oder Kritik geben. Obwohl ein Ältester nicht perfekt sein kann, sollte er dennoch tadellos sein. Das heißt: Alle eventuellen Anklagen, jede Infragestellung seiner Integrität sollten bei genauer Betrachtung seines Lebens haltlos sein.

Dieses Charaktermerkmal versteht man am besten im Zusammenhang, und Paulus nennt hier positive und negative Beispiele: Ein Mann z. B., der seiner Frau nicht treu ist, ist nicht untadelig. Ein unbesonnener Mann genauso wenig. Ein Mann, der nicht ehrbar ist, ist auch nicht untadelig, usw. Positiv ausgedrückt: Ein Ältester sollte gastfreundlich sein, seiner Familie gut vorstehen usw.

Während diese Eigenschaft sowohl einen öffentlichen als auch einen privaten Aspekt hat („tadellos" und „ohne Flecken"), scheint Paulus keine sündlose Vollkommenheit zu fordern. Er sagt, dass der Charakter des Ältesten, ob beobachtbar oder privat, von Integrität geprägt ist.

Die erste Qualifikation, die uns der Apostel nennt, ist also die umfassendste und wichtigste überhaupt. Sie stellt einen Sammelbegriff dar, der alle anderen Voraussetzungen für einen Ältesten mit einschließt. Von denen, für die er verantwortlich ist, soll der Älteste in allen Bereichen als untadelig erkennbar sein.

DAS GILT FÜR ALLE GLÄUBIGEN:

„... damit ihr tadellos und lauter seid, unbescholtene Kinder Gottes inmitten eines verdrehten und verkehrten Geschlechts, unter dem ihr leuchtet wie Himmelslichter in der Welt ..." *(Philipper 2,15)*

„Und dies gebiete, damit sie untadelig seien!"
(1. Timotheus 5,7)

„Wenn du ihnen das einschärfst, wird man ihnen nichts vorwerfen können." *(1. Timotheus 5,7, NeÜ)*

FRAGEN:
❶ Nein ❷ Meist nein ❸ Neutral ❹ Meist ja ❺ Ja

1. Stimmt es, dass niemand dir einen unbewältigten, ungelösten Konflikt vorwerfen kann?	5
2. Denken deine engsten Vertrauten (Ehefrau, Verwandte, Freunde), du wärst qualifiziert, Ältester zu sein?	3
3. Gehst du mit Sünde und negativen Charaktereigenschaften in einer Weise um, die Gott ehrt?	5
4. Kannst du offen und bereitwillig konstruktive Kritik an deinem persönlichen Leben annehmen?	4
Trage das Resultat hier und in die Gesamteinschätzung am Ende des Buches ein.	17

GUTER RUF

Zusammenfassung:
Ein Ältester sollte außerhalb der Gemeinde einen guten Ruf haben, denn sonst bringt er Schande über sich und die Gemeinde und geht damit dem Teufel in die Falle.

Schlüsselvers:
„Er muss aber auch ein gutes Zeugnis haben von denen, die draußen sind, damit er nicht in übles Gerede und in den Fallstrick des Teufels gerät.“ *(1. Timotheus 3,7)*

Beschreibung
Diese Qualifikation erinnert uns daran, dass Ältestenschaft auch eine Außenwirkung hat. Dem Herrn und seiner Gemeinde geht es nicht nur um das Privatleben eines Leiters, sondern auch um die sichtbare Wahrnehmung seines Verhaltens. Der Name und das Ansehen unseres Retters und seines Leibes stehen ebenfalls auf dem Spiel. Ein Ältester mag in der Gemeinde und unter Geschwistern vorbildlich sein, wenn er sich aber in seinem Berufsleben unehrlich und als Nachbar und Verwandter peinlich verhält, dann ist er als Ältester ungeeignet. Alles zusammen – die Art eines Menschen, sein Verhalten unter Geschwistern und sein Ruf bei Nicht-Gläubigen – offenbart den tatsächlichen Charakter eines Ältesten.

Wenn ein Hirte der Herde Gottes (der ein Christus-ähnliches Vorbild sein soll) einen üblen Ruf unter Ungläubigen hat, dann bringt seine Heuchelei Schande auf die Gemeinde und deren Glieder. Satan wird das zum Anlass nehmen, um die geistliche Kraft des Ältesten zu vermindern und auslöschen und damit die gesamte Gemeinde zu blamieren (siehe Offb 12,10, „Verkläger der Brüder“). Ist nicht Heuchelei eine der Hauptanklagen der Welt gegen solche, die sich als Christi Nachfolger bezeichnen? Dieses Kriterium wird die Ältesten, die Leiter des Volkes Gottes, vor dieser Kritik schützen.

Deshalb muss der Charakter eines Ältesten in der Gemeinde und in der Welt erkennbar und erprobt sein. Nicht nur die Welt, sondern auch Satan selbst achten auf das Versagen von Gemeindeleitern. Wenn aber ein Mann einen guten Ruf vor Außenstehenden und in der Gesellschaft hat, werden der Herr und seine Gemeinde verherrlicht und groß gemacht. Und dadurch haben Satan und Ungläubige weniger Munition, um die Gemeinde angreifen zu können.

DAS GILT FÜR ALLE GLÄUBIGEN:

„Und führt euren Wandel unter den Nationen gut, damit sie, worin sie gegen euch als Übeltäter reden, aus den guten Werken, die sie anschauen, Gott verherrlichen am Tage der Heimsuchung." *(1. Petrus 2,12; siehe auch Römer 5,4)*

FRAGEN:

❶ Nein ❷ Meist nein ❸ Neutral ❹ Meist ja ❺ Ja

1. Schätzen dich deine ungläubigen Angestellten und Kollegen? Sind sie dankbar für dich?	5
2. Bist du ehrlich und verhältst dich im beruflichen und im persönlichen Leben moralisch einwandfrei?	5
3. Ist dein soziales Leben ein gutes Zeugnis für Ungläubige?	5
4. Respektierst dich deine Nachbarn?	5
Trage das Resultat hier und in die Gesamteinschätzung am Ende des Buches ein.	20

ANSTÄNDIG / SITTSAM

Zusammenfassung:
Der Älteste soll ein ordentlicher, anständiger Mann sein, den die meisten Leute respektieren.

Schlüsselvers:
„Ein Aufseher muss ... anständig ... sein."
(1. Timotheus 3,2, SLT)

Beschreibung
Die Schönheit von Gottes Wirken besteht darin, dass er Chaos (Unordnung) in Ordnung (Kosmos) umwandelt. Diese Transformation sehen wir in 1. Mose 1,1–2,3 in der Schöpfung. Die Erde war „wüst und leer", aber Gott brachte Ordnung in das Chaos. Am Ende sehen wir Adam und Eva in einem wunderschönen Garten voller wunderbarer Dinge (und einer Sache, die verboten war). Von einer solchen Umwandlung lesen wir auch im Neuen Testament, als der Herr von einem Mann angepöbelt wurde, der *Legion* hieß und von Dämonen besessen war und gequält wurde. Dieser Mann war für sich selbst und seine Umgebung eine Katastrophe. Nachdem Jesus ihn von der dämonischen Herrschaft befreit hatte, wurde er ein neuer Mensch. Früher hatte er bei den Gräbern herumgewütet und sich selbst und andere in Gefahr gebracht. Er hatte alle terrorisiert. Als er aber Jesus traf und Jesus ihn befreit hatte, „saß er bekleidet und vernünftig da" (Mk 5,15).

Es ist diese Ordentlichkeit, „alles beisammen zu haben", was einen Ältesten auszeichnen sollte. In den meisten Übersetzungen finden wir hier das Wort „anständig", es meint aber eher, dass man sein Leben in Ordnung hält bzw. es „im Griff hat". Das gilt sowohl innerlich als auch äußerlich. Das äußere Erscheinungsbild sollte das geordnete Innenleben, das den Ältesten charakterisiert, widerspiegeln. Wenn es nur um das Äußere ginge, wäre es Heuchelei. Und wenn man nur Wert auf das Innere legte, wäre es ungenügend. Im Gegensatz zu denen, deren Leben im Chaos ist, spiegelt das Leben eines Ältesten die Ordnung (Kosmos) wider, die das Ergebnis von Gottes Umgestaltung durch Christus und seinen Geist ist.

Es ist interessant festzustellen, dass das gleiche Wort in 1. Timotheus 2,9 gebraucht wird, um eine gläubige Frau zu beschreiben, die sich „anständig" kleidet. Auch das kann auf ein Leben hinweisen, das nicht chaotisch oder unordentlich ist.

Durch ihr wohlgeordnetes *(kosmeo)* Leben vermitteln manche Menschen eine offensichtliche Würde und Präsenz, die Respekt hervorruft.

DAS GILT FÜR ALLE GLÄUBIGEN:

„Ebenso will ich, dass die Frauen sich anständig kleiden und sich mit Schamgefühl und Zurückhaltung schmücken. Sie sollen nicht durch aufwendige Frisuren, Gold, Perlen oder teure Kleidung auffallen …" *(1. Timotheus 2,9, NeÜ)*

FRAGEN:

❶ Nein ❷ Meist nein ❸ Neutral ❹ Meist ja ❺ Ja

1. Bist du grundsätzlich jemand, der „alles beisammen hat"? Jemand, dessen Leben gut geordnet ist?	5
2. Passt dein äußeres Erscheinungsbild zu dem, was biblisch und gesellschaftlich angemessen ist?	5
3. Hast du die Gewohnheit, dir deine Zeit einzuteilen?	5
4. Hältst du an deinen Prioritäten fest?	5
Trage das Resultat hier und in die Gesamteinschätzung am Ende des Buches ein.	20

HEILIG

Zusammenfassung:
Heiligkeit muss im Leben eines jeden Gemeindeältesten sowohl erlebt als auch gesehen werden.

Schlüsselvers:
„Der Aufseher muss ... heilig ... sein." *(Titus 1,8)*

Beschreibung

Die Anforderung „heilig" zu sein erfordert, dass Älteste über ihre gottgegebene Stellung der Heiligkeit hinausgehen. In ihrem Leben sollte sichtbar werden, dass sie Heiligung praktizieren. Die Vorschrift lautet hier nicht nur, dass der Älteste ein Kind Gottes sein muss, sondern auch, dass sein alltägliches Leben von göttlicher Heiligkeit gekennzeichnet ist.

Was bedeutet das? Man erwartet, dass das Leben des Ältesten „frei von Sünde" ist, „ohne Boshaftigkeit, rein, heilig, fromm" (Strong Lexikon). Der Fokus liegt hier auf seinem Leben. Das setzt eine erkennbare Absicht voraus; man erwartet, dass Christus in dieser Person wirkt und das auch sichtbar wird. Dazu braucht es Disziplin und das Bestreben, täglich nach dem Vorbild von Jesus Christus zu leben.

In Apostelgeschichte 2,27 nennt die Bibel Jesus Christus den „Heiligen" oder „Frommen". Er wurde der Hohepriester, heilig, sündlos, unbefleckt, abgesondert von den Sündern (Hebräer 7,26). Er war heilig und zeigte Heiligkeit. Darum ist das Leben Jesu der absolute Maßstab für jeden Christen. Das vollkommene Leben Christi ist das perfekte Vorbild. In der Tat sollen wir zu Jesus hinschauen, dem Anfänger und Vollender unseres Glaubens (Hebräer 12,2).

Jeder Christ weiß, dass Heiligkeit und ein heiliges Leben zusammengehören, besonders im Leben eines Ältesten. Man erwartet, dass er ein Vorbild ist und Heiligkeit vorlebt. Und jedes andere Verhalten ist laut Bibel unentschuldbar. Darum ermutigt die Bibel auch die

Gläubigen der örtlichen Gemeinde, dass sie das Leben ihrer Leiter anschauen und nachahmen sollen (Hebräer 13,7).

Ein Ältester imitiert das Leben Christi und ist damit ein Vorbild, das andere nachahmen möchten. Darum geht es.

DAS GILT FÜR ALLE GLÄUBIGEN:

„Ihr seid Zeugen und Gott, wie heilig und gerecht und untadelig wir gegen euch, die Glaubenden waren …“
(1. Thessalonicher 2,10)

„Ein reiner und unbefleckter Gottesdienst vor Gott und dem Vater ist dieser: Waisen und Witwen in ihrer Bedrängnis zu besuchen, sich selbst von dieser Welt unbefleckt zu erhalten.“
(Jakobus 1,27)

FRAGEN:

❶ Nein ❷ Meist nein ❸ Neutral ❹ Meist ja ❺ Ja

1. Willst du Gott mehr gefallen als Menschen?	3
2. Wie intensiv ist dein Gebetsleben?	5
3. Bist du bereit, Gott und seinem Wort zu gehorchen – unabhängig von Druck und Versuchungen in deinem Leben?	5
4. Bist du dankbar für das Vorbild anderer Menschen in deinem Leben?	5
Trage das Resultat hier und in die Gesamteinschätzung am Ende des Buches ein.	18

AUFRICHTIG / GERECHT

Zusammenfassung:
Im Leben eines Ältesten und in seinem Verhalten sollten Früchte der Rechtfertigung und Heiligung erkennbar sein. Seine Frömmigkeit sollte an seiner Wahrhaftigkeit erkennbar sein.

Schlüsselvers:
„Ein Ältester soll ... gerecht ... sein." *(Titus 1,8)*

Beschreibung

Den Ausdruck „gerecht" kann man auch mit „aufrichtig" wiedergeben. Das zugrundeliegende Adjektiv *dikaios* kommt sehr oft im griechischen AT und NT vor und ist mit dem Nomen „Gerechtigkeit" verwandt. Im Neuen Testament wird dieser Begriff besonders im Zusammenhang mit Gläubigen gebraucht, die durch ihren Glauben an Jesus Christus für gerecht erklärt werden und aufrichtig, d. h. in Übereinstimmung mit Gottes Wort, leben.

Im Zusammenhang mit Gott, dem Vater (Ps 145,17), oder mit dem Sohn (Mt 27,19; Apg 3,14) bedeutet der Begriff „gerecht". Wenn es um Menschen geht, ist damit ein Verhalten gemeint, das mit den Forderungen des Gesetzes übereinstimmt (siehe 1Tim 1,9; Röm 8,4).

Es ist jedoch auch möglich, dass jemand äußerlich Gottes Maßstäbe erfüllt, ohne dabei wiedergeboren zu sein. Das konnte man bei den Schriftgelehrten und Pharisäern sehen, die äußerlich gesehen gerecht schienen und es trotzdem innerlich nicht waren (Mt 9,11-13; 23,27-28). Zwar ist es möglich, gerecht zu erscheinen, ohne auch wirklich gottesfürchtig zu sein, aber es ist unmöglich, wirklich gottesfürchtig und dennoch unaufrichtig zu sein. Diese Erklärung hilft zu verstehen, warum der Begriff *dikaios* („aufrichtig" oder „gerecht") oft in Verbindung mit dem Begriff *hosios* („heilig" oder „gottesfürchtig") gebraucht wird – wie z. B. in Titus 1,8.

Also sollte ein Ältester nicht nur gläubig sein (1Tim 3,6; Tit 1,8-9), sondern auch die Frucht der Rechtfertigung und beständigen Heiligung durch ein gerechtes Leben in Beziehungen mit anderen zeigen (Jak 2,14; 1Jo 4,20-21). Er demonstriert Gottes Charakter durch sein aufrichtiges und gottesfürchtiges (heiliges) Verhalten (Joh 17,25; Offb 16,5) und folgt damit auch dem Vorbild von Paulus (1Thes 2,10).

DAS GILT FÜR ALLE GLÄUBIGEN:

„Ihr seid Zeugen und Gott, wie heilig und gerecht und untadelig wir gegen euch, die Glaubenden, waren."
(1. Thessalonicher 2,10)

„Seid miteinander meine Nachahmer, Brüder, und seht auf die, welche so wandeln, wie ihr uns zum Vorbild habt!"
(Philipper 3,17)

FRAGEN:
❶ Nein ❷ Meist nein ❸ Neutral ❹ Meist ja ❺ Ja

1. Bist du in deinen Beziehungen mit anderen Menschen fair und aufrichtig?	5
2. Hörst du dir beide Seiten einer Auseinandersetzung an, bevor du zu einem Urteil gelangst?	5
3. Bitten dich andere um deinen Rat, weil sie dich als einen fairen und gerechten Ratgeber kennen?	4
4. Könntest du deiner Leitungsverantwortung überzeugt und fair nachkommen, wenn jemand zu Recht aus der Gemeinde ausgeschlossen werden müsste?	3
Trage das Resultat hier und in die Gesamteinschätzung am Ende des Buches ein.	17

VORBILDLICH

Zusammenfassung:
Ein Ältester soll bewusst als Vorbild derer leben, für die er zu sorgen hat.

Schlüsselvers:
„Hütet die Herde Gottes, die bei euch ist, ... indem ihr Vorbilder der Herde werdet." *(1. Petrus 5,3)*

Beschreibung

„Aber es soll dem Volk ergehen wie dem Priester", sagte einst Hosea (Hos 4,9, SLT). Auch heute kann man diesen Zusammenhang zwischen der Qualität der Leiter und dem Charakter der Herde in Kirchen und Gemeinden beobachten. Unser Herr erinnert uns: „Ein Jünger ... nachdem er zugerüstet (ausgebildet) ist, wird sein wie sein Lehrer" (Lk 6,40). Darum betont Petrus, dass die Ältesten Vorbilder der Herde sein sollen (1Petr 5,3).

Paulus stimmt mit Petrus überein. Er stellt sich selbst als Vorbild vor, z. B. im Brief an die Korinther: „Seid meine Nachahmer, wie auch ich Christi Nachahmer bin!" (1Kor 11,1). Die Philipper weist er an: „Was ihr auch gelernt und empfangen und gehört und an mir gesehen habt, das tut!" (Phil 4,9). Den Ältesten in Ephesus bezeugt er: „Ihr wisst, wie ich vom ersten Tag an, da ich nach Asien kam, die ganze Zeit bei euch gewesen bin ..." (Apg 20,18).

Wenn wir also dem Beispiel von Paulus folgen wollen, dann sollte jeder Älteste ein Vorbild für die Gemeindeglieder sein. Paulus schreibt an seinen jungen Mitarbeiter: „Sei ein Vorbild der Gläubigen" (1Tim 4,12). Das ist für jeden Ältesten eine große Verantwortung.

Dieses Prinzip funktioniert in beide Richtungen. Der Schreiber des Hebräerbriefes gibt seinen Lesern eine dreifache Aufgabe: Denkt an eure Führer, schaut ihren Wandel an und ahmt ihren Glauben nach (Hebr 13,7). Gott hat einen hohen Maßstab für die Gemeindeleitung vorgegeben. Lebe danach!

DAS GILT FÜR ALLE GLÄUBIGEN:

„… sodass ihr allen Gläubigen in Mazedonien und in Achaja zu Vorbildern geworden seid.“ *(1. Thessalonicher 1,7)*

„Niemand verachte deine Jugend, vielmehr sei ein Vorbild der Gläubigen im Wort, im Wandel, in Liebe, im Glauben, in Reinheit.“ *(1. Timotheus 4,12)*

FRAGEN:
❶ Nein ❷ Meist nein ❸ Neutral ❹ Meist ja ❺ Ja

1. Bist du für andere ein Vorbild an Glauben und Reife?	4
2. Lebst du bewusst so, dass andere dich zum Vorbild nehmen können?	4
3. Weißt du von Menschen, für die du in verschiedenen Bereichen ein Vorbild geworden bist?	5
4. Möchtest du gerne anderen in einer Jüngerschaftsbeziehung dienen? Tust du das bereits?	5
Trage das Resultat hier und in die Gesamteinschätzung am Ende des Buches ein.	18

TREU DEM WORT GOTTES GEGENÜBER

Zusammenfassung:
Älteste müssen von Gottes Wort überzeugt sein, es treu weitergeben und furchtlos solche korrigieren, die davon abgeirrt sind.

Schlüsselvers:
Setze jemanden als Ältesten ein, „… der an dem der Lehre gemäßen zuverlässigen Wort festhält, damit er fähig sei, sowohl mit der gesunden Lehre zu ermahnen als auch die Widersprechenden zu überführen." *(Titus 1,9)*

Beschreibung:
Wie ein guter Hirte seine Herde zu den saftigsten Weiden führt (Ps 23,2), sollten auch die Ältesten die beste geistliche Nahrung – nämlich Gottes Wort – für die Herde bereithalten. Die Schrift „gibt Leben" (Röm 4,17), sie ist „feste Speise" (Hebr 5,14), „geistliche Milch" (1Petr 2,2) und „Heilung" (Spr 4,22). Sie braucht keine Beigaben (Spr 30,6), und man muss ihr nichts hinzufügen (1Petr 2,2).

Es gibt sechs übergeordnete Prinzipien für dieses Qualifikationsmerkmal:

1. Der Älteste, der Gottes Volk hütet, muss selbst von Gottes Wort überzeugt sein. Er sollte nicht schwach oder unsicher sein, was er glaubt. „Er soll danach streben, sich Gott bewährt zur Verfügung zu stellen als einen Arbeiter, der sich nicht zu schämen hat, der das Wort in gerader Richtung schneidet" (2Tim 2,15).

2. Älteste sollen Gottes ganzen Ratschluss an alle Gläubigen je nach deren Reifegrad weitergeben. Paulus erinnert die Epheser, dass er nicht gezögert hatte, ihnen den ganzen Ratschluss Gottes (damit

ist das ganze Wort Gottes gemeint) zu verkündigen (Apg 20,27). Da sind zuerst die Neubekehrten, die die unverfälschte Milch – Gottes Wort – brauchen (1Petr 2,2). Aber dann sollen auch die bereits reiferen Christen fähig sein, andere zu belehren (Hebr 5,11-14; siehe auch die Lehren von Paulus an Timotheus und Titus).

3. Der gute Hirte muss das Wort Gottes unverfälscht weitergeben („das Wort in gerader Richtung schneiden“, 2Tim 2,15). Er muss über die hermeneutischen Prinzipien Bescheid wissen.

4. Der Hirten-Älteste muss Gottes Wort zuerst auf sich selbst anwenden und erst dann auf andere (1Tim 4,6.12-16; Tit 2,6-8; Apg 20,28).

5. Der geistliche Älteste muss Gottes Wort in Treue weitergeben (2Tim 4,1-4).

6. Der Hirten-Älteste muss gewissenhaft Fehler korrigieren, wenn jemand von Gottes Wort abweicht (1Tim 1,3-5; 2Tim 2,24-26).

DAS GILT FÜR ALLE GLÄUBIGEN:

„Du aber bleibe in dem, was du gelernt hast und wovon du überzeugt bist, da du weißt, von wem du gelernt hast, und weil du von Kind auf die heiligen Schriften kennst, die Kraft haben, dich weise zu machen zur Rettung durch den Glauben, der in Christus Jesus ist. Alle Schrift ist von Gott eingegeben und nützlich zur Lehre, zur Überführung, zur Zurechtweisung, zur Unterweisung in der Gerechtigkeit, damit der Mensch Gottes richtig sei, für jedes gute Werk ausgerüstet. *(2. Timotheus 3,14-17)*

„Fürchten wir uns nun, dass nicht etwa – da die Verheißung, in seine Ruhe einzugehen, noch aussteht – jemand von euch als zurückgeblieben erscheint. Denn auch uns ist eine gute Botschaft verkündigt worden, wie auch jenen; aber das gehörte Wort nützte jenen nicht, weil es bei denen, die es hörten, sich nicht mit dem Glauben verband.“ *(Hebräer 4,1-2)*

FRAGEN:

❶ Nein ❷ Meist nein ❸ Neutral ❹ Meist ja ❺ Ja

1. Stimmst du in allen wesentlichen biblischen Lehren mit den anderen Leitern überein?	5
2. Kannst du deinen Standpunkt in Diskussionen und anderen Unterhaltungen mit Gottes Wort begründen?	1
3. Beschäftigst du dich intensiv mit dem Wort Gottes, sodass du es im persönlichen Leben und in Begegnungen mit anderen anwenden kannst?	2
4. Ist erkennbar, dass du dich dem Wort Gottes unterordnest (z. B. durch Sündenerkenntnis, Buße oder Umdenken aufgrund von Gottes Wort)?	5
Trage das Resultat hier und in die Gesamteinschätzung am Ende des Buches ein.	13

LEHRFÄHIG

Zusammenfassung:
Auch wenn ein Ältester kein begabter Lehrer ist, muss er in der Lage sein, biblische Wahrheiten aufzuzeigen und die gesunde Lehre zu verteidigen.

Schlüsselvers:
„Ein Aufseher muss ... lehrfähig ... sein." *(1. Timotheus 3,2)*

Beschreibung
Dieses Qualifikationsmerkmal gehört mit zu der Voraussetzung, dass ein Ältester dem Wort Gottes treu gegenüber sein soll (Tit 1,9). Der Älteste muss nicht nur „an dem der Lehre gemäßen zuverlässigen Wort festhalten" (Tit 1,9a), er muss auch fähig sein, „sowohl mit der gesunden Lehre zu ermahnen als auch die Widersprechenden zu überführen" (Tit 1,9b). Dazu muss er „lehrfähig" sein. Das Gleiche gilt für die, die ein „Knecht (oder: Sklave) des Herrn" sein wollen (2Tim 2,24).

Der Ausdruck *didaktikos*, der mit „fähig" (Luther nennt es „geschickt") übersetzt wird, findet sich nur zweimal in und einmal außerhalb der Bibel (bei Philo). Aufgrund dieser wenigen Erwähnungen können wir die Bedeutung nicht ganz sicher erfassen. Es reicht aber zu der Feststellung, dass ein Ältester eine gewisse Fähigkeit haben sollte, „das Wort recht auszulegen" (2Tim 2,15). Das meint: Er kann anhand der Schrift gesunde Lehre aufzeigen und es im Blick auf die Bedürfnisse und Fragen derer auslegen, die er als Hirte hütet. Das heißt nicht notwendigerweise, dass dieser Älteste die Gabe der Lehre haben muss (1Kor 12,28-29; Röm 12,7); sein primärer Aufgabenbereich liegt nicht darin, auf der Kanzel zu stehen oder fortlaufende Bibelarbeiten zu halten. Stattdessen soll er bei Bedarf das Wort öffentlich oder im privaten Bereich auslegen können. Wie sollte er die Herde vor falscher Lehre schützen können, wenn er das Wort Gottes nicht gewissenhaft lehren kann?

Die meisten Ältesten sind daran beteiligt, das Wort Gottes zu lehren und zu predigen. Manche haben die Gabe, die Schrift in einer Predigt systematisch auszulegen. Andere können das besser in Sonntagschulen oder Kleingruppen. Jeder sollte fähig sein, die Schrift auszulegen, wenn er danach gefragt wird. Das gilt auch in den Situationen, die im normalen Hirtendienst entstehen können.

DAS GILT FÜR ALLE GLÄUBIGEN:

„Denn während ihr der Zeit nach Lehrer sein solltet, habt ihr wieder nötig, dass man euch lehre, was die Anfangsgründe der Aussprüche Gottes sind; und ihr seid solche geworden, die Milch nötig haben und nicht feste Speise." *(Hebräer 5,12)*

FRAGEN:

❶ Nein ❷ Meist nein ❸ Neutral ❹ Meist ja ❺ Ja

1. Liest und studierst du gerne Gottes Wort, um es anschließend an andere weiterzugeben?	5
2. Kann man geistliches Wachstum bei denen erkennen, die du belehrst?	3
3. Kannst du in Begegnungen mit anderen frei über Gottes Wort sprechen?	2
4. Beteiligst du dich gerne in Bibelgesprächsgruppen, und kannst du Gottes Wort verständlich erklären?	2
Trage das Resultat hier und in die Gesamteinschätzung am Ende des Buches ein.	12

MIT DER GESUNDEN LEHRE ERMAHNEN UND ERMUNTERN

Zusammenfassung:
Ein Ältester sollte fähig und bereit sein, biblische Grundlagen der Schrift zu predigen und zu lehren.

Schlüsselvers:
„Der Aufseher muss ... an dem der Lehre gemäßen zuverlässigen Wort festhalten, damit er fähig sei, sowohl mit der gesunden Lehre zu ermahnen (ermuntern) als auch die Widersprechenden zu überführen.“ *(Titus 1,9)*

Beschreibung

Der Unterhirte muss das Wort schützen und daran festhalten (Tit 1,9a). Er muss fähig sein, „sowohl mit der gesunden Lehre zu ermahnen als auch die Widersprechenden zu überführen“ (Tit 1,9b). Älteste sollen das Wort Gottes kennen und Gottes Worte predigen. Da die örtliche Gemeinde die „Säule und Grundfeste der Wahrheit“ ist, müssen ihre Leiter felsenfeste Säulen der biblischen Lehre sein, anderenfalls wird das Haus zusammenbrechen.

Das Minimum ist, dass ein Ältester mit fester Überzeugung an historischer, biblischer Lehre festhält. Der Herr will Älteste, die intensiv in der Lehre und im Predigen des Wortes arbeiten. Das ist SEIN Plan! Ihre Aufgaben bestehen nicht nur darin, in einem Gremium zu sitzen und Entscheidungen zu treffen; sie sind Wächter und Lehrer der gesunden Lehre.

„In der gesunden Lehre ermahnen (oder: ermuntern)“ bedeutet, dass der Älteste die Gläubigen ermutigt, tröstet und aufbaut. Dazu muss er die gesunde Lehre genau kennen, denn Gottes Wort und richtige Lehre sind es, die die Gläubigen ermutigen, trösten und aufbauen. Darum muss sich ein Ältester durch Integrität in der Lehre und Kommunikationsfähigkeit in verschiedenen Situationen auszeichnen.

Auch sei hier zu erwähnen, dass ein Ältester eine gewisse Lehrfähigkeit haben sollte (1Tim 3,3). Das heißt nicht, dass ein Ältester ein begabter Redner oder Prediger sein muss. Aber alle Ältesten sollten in der Lage sein, anderen das Evangelium und gesunde biblische Lehre verständlich weiterzugeben.

Paulus weist Timotheus an: „Predige das Wort, stehe bereit zu gelegener und ungelegener Zeit; überführe, weise zurecht, ermahne mit aller Langmut und Lehre. Denn es wird eine Zeit sein, da sie die gesunde Lehre nicht ertragen, sondern nach ihren eigenen Begierden sich selbst Lehrer aufhäufen werden, weil es ihnen in den Ohren kitzelt …" (2Tim 4,2.3). Wir brauchen Älteste, die in der gesunden Lehre gegründet sind und sie auch lehren können!

DAS GILT FÜR ALLE GLÄUBIGEN:

„Denn während ihr der Zeit nach Lehrer sein solltet, habt ihr wieder nötig, dass man euch lehre, was die Anfangsgründe der Aussprüche Gottes sind; und ihr seid solche geworden, die Milch nötig haben und nicht feste Speise." *(Hebräer 5,12)*

„Das Wort des Christus wohne reichlich in euch; in aller Weisheit lehrt und ermahnt euch gegenseitig! Mit Psalmen, Lobliedern und geistlichen Liedern singt Gott in euren Herzen in Gnade!" *(Kolosser 3,16)*

FRAGEN:
❶ Nein ❷ Meist nein ❸ Neutral ❹ Meist ja ❺ Ja

1. Kennst du dich gut mit den unterschiedlichen biblischen Lehren aus?	1
2. Bist du bereit, die Wahrheit in Liebe auszusprechen?	1
3. Hast du dich schon mit bestimmten Lehren auseinandergesetzt, damit du weißt, was die Schrift tatsächlich lehrt?	1
4. Bist du fähig, Lehrthemen verständlich weiterzugeben?	2
Trage das Resultat hier und in die Gesamteinschätzung am Ende des Buches ein.	5

IRRTÜMER AUFDECKEN

Zusammenfassung:
Ein Ältester muss fähig und bereit sein, Irrlehren jeder Art zu erkennen und zu widerlegen.

Schlüsselvers:
„Ein Aufseher muss ... fähig sein, ... die Widersprechenden zu überführen.“ *(Titus 1,9)*

Beschreibung
Der Hirten-Älteste ist für die positive Seite des Lehrens und des Predigens der gesunden Lehre verantwortlich. Ebenso trägt er aber auch Verantwortung für die unschöne Seite des Hirtendienstes, nämlich Fehler und Irrtümer aufzuzeigen und Widersprechende zu überführen.

Heutzutage wird diese Kompetenz größtenteils ignoriert; sie kommt mehr und mehr abhanden. Die Hirten der Gemeinde Gottes sind aber auch dafür verantwortlich, Irrtümer zu widerlegen. Dieser Verantwortung kann man sich nicht entziehen oder sie ignorieren. Hier gilt es zu handeln!

Die Schrift macht klar, dass Irrlehre Satans stärkste Waffe gegen die Gemeinde ist (siehe Joh 8,44). Aus Liebe und Fürsorge für die Gemeinde muss der Älteste aufstehen und Irrtümer widerlegen. Vergleichbar mit einem Hirten, der seine Schafe vor dem Wolf schützt, muss der Älteste die Geschwister vor falschen und verkehrten Lehren schützen (Apg 8,28-29; 1Tim 1,20).

Mit dem Ermahnen und Aufdecken von Irrtümern wird sich der Älteste mit Sicherheit keine Freunde machen. Aufgrund des kulturellen Einflusses werden Älteste oft gehindert, Irrtümer zu widerlegen; es ist nicht „in“, fehlerhafte und falsche Lehre aufzudecken. Eventuell muss der Älteste einen hohen Preis zahlen, wenn er den Glauben oder die Überzeugungen derer angreift, die auf Abwege geraten sind. Irrtümer aufzudecken ist nichts für Feiglinge (das ist das Hüten von Schafen ohnehin nicht). Aber es muss sein! Das Leben der Schafe steht auf dem Spiel!

Älteste wollen nicht zerstören, wenn sie Irrtümer aufdecken – sie wollen andere vor den Folgen von Irrtümern und Irrlehren schützen (2Tim 2,24 26). Im Endeffekt wollen Älteste Menschen nicht angreifen, sondern wiederherstellen.

In der Praxis muss sich der Hirten-Älteste in der gesunden Lehre gut auskennen. Er muss ein Mann der Schrift sein. Aber sein Wissen darf nicht nur theoretisch sein – er muss es umsetzen und Irrtümer tatsächlich widerlegen. Er muss aktiv falsche Lehre und falsches Leben aufdecken.

DAS GILT FÜR ALLE GLÄUBIGEN:

„Ich wundere mich, dass ihr euch so schnell von dem, der euch durch die Gnade Christi berufen hat, abwendet zu einem anderen Evangelium, wo es doch kein anderes gibt; einige verwirren euch nur und wollen das Evangelium des Christus umkehren.“ *(Galater 1,6-7)*

„Denn wir sollen nicht mehr Unmündige sein, hin- und hergeworfen und umhergetrieben von jedem Wind der Lehre durch die Betrügerei der Menschen, durch ihre Verschlagenheit zu listig ersonnenem Irrtum. Lasst uns aber die Wahrheit reden in Liebe und in allem hinwachsen zu ihm, der das Haupt ist, Christus.“ *(Epheser 4,14-15)*

FRAGEN:

❶ Nein ❷ Meist nein ❸ Neutral ❹ Meist ja ❺ Ja

1. Kannst du mutig jemanden zurechtweisen, der ungesunde Lehre bringt?	1
2. Bist du in der Lage, Irrlehren zu erkennen?	2
3. Kannst du einer falschen Lehre entgegentreten, auch dann, wenn sie von jemandem vertreten wird, den du schätzt?	2
4. Kannst du die unterschwelligen Manipulationen erkennen und widerlegen, mit denen falsche Lehrer Anhänger gewinnen?	1
Trage das Resultat hier und in die Gesamteinschätzung am Ende des Buches ein.	6

MANN EINER FRAU

Zusammenfassung:
Diese Formulierung wird am besten mit „Ehemann einer einzigen Frau" wiedergegeben. Der Ruf eines Ältesten ist hinsichtlich seiner Ehe und seines sexuellen Lebens einwandfrei. Er ist seiner Ehefrau treu und flirtet nicht mit anderen Frauen.

Schlüsselvers:
„Der Aufseher muss ... Mann einer Frau sein ..."
(1. Timotheus 3,2)

Setze Älteste ein, „wenn jemand ... Mann einer Frau ... ist ..."
(Titus 1,6)

Beschreibung
Manche legen diese Qualifikation so aus, dass ein Ältester nur „eine Frau auf einmal" haben soll, aber Polygamie war weder in der Gemeinde noch in der Gesellschaft, in der die meisten Zuhörer des Paulus lebten, ein Problem. Andere sind der Ansicht, es hieße hier, „nur einmal im Leben mit einer Frau verheiratet zu sein". Damit wären alle Witwer ausgeschlossen, die wieder heiraten, und es ist schwer vorstellbar, wie das die Eignung für den Ältestendienst beeinflussen sollte. Von daher kann man diese Qualifikation am besten mit „Ehemann einer einzigen Frau" wiedergeben. Diese Übersetzung ist durch die griechische Grammatik gedeckt, und wir halten es für die beste Interpretation des Textes. Diese Vorgabe beinhaltet weit mehr, als nur verheiratet zu sein. Sie bedeutet, dass ein Ältester in seinem sexuellen und ehelichen Leben über jeden Vorwurf erhaben sein muss. Sein Verhalten gegenüber dem anderen Geschlecht soll untadelig sein. Seine Zuneigung und Intimität gelten einzig und allein seiner Ehefrau. Er flirtet nicht mit anderen Frauen.

Jeder Kompromiss in diesem Bereich des Lebens eines Ältesten bringt den Namen Christi in Verruf und wirkt sich negativ auf seine Integrität und sein Zeugnis aus. Auch die örtliche Gemeinde wird verunsichert und gefährdet. In diesen Tagen des moralischen Verfalls müssen die Ältesten aktiv und vorausschauend mit diesem wichtigen Thema umgehen.

Unter den Ältesten sollte Offenheit im Blick auf dieses Problem herrschen; sie sollten dafür sensibel sein, einander Rechenschaft ablegen und gemeinsam um Bewahrung beten. Es kann ebenfalls hilfreich sein, wenn Älteste bestimmte Richtlinien für den Umgang mit dem anderen Geschlecht festlegen, z. B. dass sich ein Ältester nicht mit einer Frau alleine in seinem Büro oder bei ihr zu Hause trifft, nicht alleine mit einer Kollegin auf eine Geschäftsreise geht oder mit einer Frau alleine im Auto unterwegs ist.

Selbst wenn ein Ältester keine Probleme im Bereich der Unmoral hat, muss er überlegen, wie sein Verhalten gegenüber dem anderen Geschlecht von seinen Mitmenschen wahrgenommen wird. Auch in scheinbar harmlosen Gesprächen mit Frauen oder körpernahen Begrüßungen muss er weise sein. Wenn ein Ältester Frauen gegenüber zu viel Mitgefühl und Freundlichkeit zeigt, kann auch hier schnell mehr hineininterpretiert werden. „Unzucht aber und alle Unreinheit oder Habsucht sollen nicht einmal unter euch genannt werden, wie es Heiligen geziemt“ (Eph 5,3).

DAS GILT FÜR ALLE GLÄUBIGEN:

„Ihr Männer, liebt eure Frauen! Wie auch der Christus die Gemeinde geliebt und sich selbst für sie hingegeben hat, um sie zu heiligen, sie reinigend durch das Wasserbad im Wort, damit er die Gemeinde sich selbst verherrlicht darstellte, die nicht Flecken oder Runzel oder etwas dergleichen habe, sondern dass sie heilig und tadellos sei."
(Epheser 5,25-27; siehe auch Matthäus 19,4-9)

FRAGEN:
❶ Nein ❷ Meist nein ❸ Neutral ❹ Meist ja ❺ Ja

1. Hast du eine klare Vorstellung von dem, was die Bibel über Scheidung und Wiederheirat lehrt?	5
2. Bist du deiner Frau gegenüber körperlich und emotional treu? (Falls du Single bist: Hast du deine sexuellen Bedürfnisse unter Kontrolle?)	5
3. Fühlen sich die Frauen deiner Gemeinde in deiner Gegenwart wohl und unbehelligt?	5
4. Bist du offen und ehrlich bezüglich sexueller Versuchungen?	3
Trage das Resultat hier und in die Gesamteinschätzung am Ende des Buches ein.	18

GEHORSAME KINDER

Zusammenfassung:
Ein Ältester ist jemand, dessen Kinder gehorsam sind und seine Führung zu Hause akzeptieren.

Schlüsselvers:
Ein Aufseher soll jemand sein, „der dem eigenen Haus gut vorsteht und die Kinder mit aller Ehrbarkeit in Unterordnung hält ..." *(1. Timotheus 3,4-5)*

Beschreibung
Das entscheidende Kriterium, um die Fürsorge des Ältesten für seine Familie recht einzuschätzen, ist das Verhalten seiner Kinder. Die Aussage: „der dem eigenen Haus gut vorsteht und die Kinder mit aller Ehrbarkeit in Unterordnung hält" (1Tim 3,4), d. h. die Kinder zum Gehorsam erzieht und dazu anhält, ein glaubwürdiges Leben zu führen, zeigt, dass der Älteste ein besorgter und verantwortungsbewusster Vater ist. Er ist kein harter Tyrann und drangsaliert auch nicht seine Kinder.

Der qualifizierte Älteste hütet die Seelen seiner Kinder auf eine achtbare, feine Art und kümmert sich um ihre emotionalen und geistlichen Bedürfnisse. Er ist kein Vorgesetzter, der durch harte Bestrafungen den Gehorsam seiner Kinder einfordert. Er lebt Epheser 6,4 vor: „Ihr Väter, reizt eure Kinder nicht zum Zorn, sondern zieht sie auf in der Zucht und Ermahnung des Herrn!" Statt nur das richtige Verhalten zu verlangen, erreicht er das Herz seiner Kinder im Kontext einer liebevollen Beziehung.

Die Fähigkeit des Ältesten, seiner Familie gut vorzustehen, kann man an dem Respekt der Kinder und ihrer Akzeptanz seines Führungsstils erkennen. Titus 1,6 fügt noch hinzu, dass die Kinder „kein ausschweifendes Leben führen oder aufsässig sind", d. h. sie sollten sich nicht ungehörig oder rebellisch verhalten.

Wenn Titus 1,6 von „gläubigen Kindern" (SLT: „treue Kinder") spricht, ist hier unserer Meinung nach gemeint, dass die Kinder der Führung und der Erziehung ihres Vaters treu folgen. Das heißt nicht, dass alle Kinder eines Ältesten von Herzen gläubig sein müssen, denn das wirkt allein der Heilige Geist.

Aber die Fähigkeit eines Mannes, die Gemeinde Gottes zu leiten und zu führen, lässt sich am guten Verhalten seiner Kinder ablesen.

„Dem Haus gut vorzustehen" bedeutet also, dass ein Ältester seine Autorität angemessen ausübt. Das führt dazu, dass seine Familie seine Führung akzeptiert und sich ihm unterordnet.

DAS GILT FÜR ALLE GLÄUBIGEN:

„Ihr Väter, reizt eure Kinder nicht zum Zorn, sondern zieht sie auf in der Zucht und Ermahnung des Herrn!"
(Epheser 6,4)

„Lasst uns aber die Wahrheit reden in Liebe und in allem hinwachsen zu ihm, der das Haupt ist, Christus …"
(Epheser 4,14-15)

FRAGEN:

❶ Nein ❷ Meist nein ❸ Neutral ❹ Meist ja ❺ Ja

1. Benehmen sich deine Kinder in der Öffentlichkeit gut und angemessen, und respektieren sie Erwachsene?	5
2. Hast du mit deinen Kindern eine gute, gesunde Beziehung? Respektieren sie dich und das, was du sagst?	5
3. Schaffst du es, deine Kinder nicht zum Zorn zu reizen?	4
4. Haben deine Kinder eine hohe Meinung von dir, und respektieren sie dich?	5
Trage das Resultat hier und in die Gesamteinschätzung am Ende des Buches ein.	19

DEM EIGENEN HAUS UND DER FAMILIE GUT VORSTEHEN

Zusammenfassung:
Es ist unerlässlich für die Leitung einer Gemeinde, dass ein Ältester seinem Haus und seiner Familie gut vorsteht. Sie ist sein Übungsfeld, um seine Fähigkeit als Leiter unter Beweis zu stellen.

Schlüsselvers:
Ein Aufseher muss jemand sein, „... der dem eigenen Haus gut vorsteht und die Kinder mit aller Ehrbarkeit in Unterordnung hält – wenn aber jemand dem eigenen Haus nicht vorzustehen weiß, wie wird er für die Gemeinde Gottes sorgen? ...“ *(1. Timotheus 3,4-5)*

Beschreibung

Ein Ältester muss in der Lage sein, seine eigene Familie gut zu leiten; das ist unerlässlich, wenn er Gottes Familie gut führen will. Das ist ein sehr entscheidendes Kriterium, da die Familie für einen Mann eine Art Übungsfeld ist, bevor er größere Verantwortung übernehmen kann. Die Gemeinde ist kein Unternehmen. Ein Ältester ist weder Chef noch Geschäftsführer, sondern vielmehr ein freundlicher, väterlicher Hirte, der die Schafe schützt, leitet, sich um sie kümmert und sie versorgt. Wer als Ältester dienen will, der strebt nach folgendem Vorbild:

„Eure Einstellung soll so sein, wie sie in Jesus Christus war: Er war genauso wie Gott und hielt es nicht gewaltsam fest, Gott gleich zu sein. Er legte alles ab und wurde einem Sklaven gleich. Er wurde Mensch und alle sahen ihn auch so. Er erniedrigte sich selbst und gehorchte Gott bis zum Tod – zum Verbrechertod am Kreuz“ (Phil 2,5-8, NeÜ).

Ein Ältester wird ebenso wenig wie Jesus Christus seine Stellung der Autorität zu seinem eigenen Vorteil ausnutzen. Stattdessen wird er sie zum Segen und zum Vorteil für andere einsetzen. Ein Ältester ist kein religiöser Geschäftsmann, sondern ein dienender Leiter, der sein Leben für die Schafe hingibt. Das Familienleben eines Mannes wird zeigen, was für ein Hirte er ist.

Wenn ein Mann es nicht schafft, das Leben seiner wenigen Familienmitglieder gut zu leiten, wird er es auch nicht schaffen, die größere Familie Gottes zu führen. Als Geschäftsmann mag er vielleicht erfolgreich sein und in der Gesellschaft als ein hervorragender Leiter gelten, aber hinter den verschlossenen Türen seines Hauses beweist sich, ob er als Ältester tauglich ist. Dort zeigen sich nämlich seine Fähigkeiten und sein Charakter. Ist er ein Tyrann? Ist er bösartig, barsch, beherrschend oder unnahbar? Verhält er sich in der Familie anders als in der Öffentlichkeit?

Ein Ältester muss fähig sein, seiner Familie gut vorzustehen.

DAS GILT FÜR ALLE GLÄUBIGEN:

„Ihr Väter, reizt eure Kinder nicht zum Zorn, sondern zieht sie auf in der Zucht und Ermahnung des Herrn!"
(Epheser 6,4)

FRAGEN:
❶ Nein ❷ Meist nein ❸ Neutral ❹ Meist ja ❺ Ja

1. Gefällt es dir, deine Familie geistlich zu leiten?	5
2. Übernimmst du Verantwortung, um den Charakter deiner Kinder zu prägen?	5
3. Ist dein Zuhause aufgeräumt, ordentlich und sauber? Ist der bauliche Zustand in Ordnung?	5
4. Hast du Kontrolle über deine finanziellen Ausgaben?	5
Trage das Resultat hier und in die Gesamteinschätzung am Ende des Buches ein.	20

DAS GUTE LIEBEND

Zusammenfassung:
Ein Ältester liebt das Gute. Das wird sein Denken und seine Prioritäten bestimmen und seine Taten motivieren.

Schlüsselvers:
Ein Ältester muss „... das Gute lieben ..." *(Titus 1,8)*

Beschreibung

Das Herz eines Mannes zeigt sich in dem, was er liebt. Ein Mann entwickelt für das, was er liebt, eine Leidenschaft; für das, was ihm wertvoll erscheint und ihm Freude macht, wird er hart und ausdauernd arbeiten. Es wird seine Gedanken und Motive beherrschen und seine Prioritäten bestimmen.

Ein guter Mann wird das Gute lieben (Spr 21,15), während ein böser Mann das Böse liebt (Spr 1,22; 2,14; 10,23; 15,21). Paulus' Worte machen ganz klar, dass ein Ältester das liebt, was wirklich gut ist, nicht das, was Satan als „gut" darstellt: das Fleisch oder die Welt. (Wir brauchen uns nur daran zu erinnern, wie Satan Eva verführte, indem er etwas als „gut" bezeichnete.) Wie kann man dann sicher erkennen, was wirklich gut ist? Gott selbst ist der absolute Maßstab für „gut" (2Mo 33,19; Mt 19,17). Darum muss das Gute mit seinem Wesen übereinstimmen. Paulus führt in Philipper 4,8 die guten Dinge auf, über die wir nachdenken sollen. Micha macht deutlich: „Man hat dir mitgeteilt, Mensch, was gut ist. Und was fordert der Herr von dir, als Recht zu üben und Güte zu lieben und bescheiden zu gehen mit deinem Gott?" (Mi 6,8).

Alle Christen sind aufgefordert, sich dem zu widmen, was gut ist (Röm 12,9; Phil 4,8); also soll der Älteste ein Vorbild für andere sein. Unser Herr ist der „gute Hirte" (Ps 23; Joh 10,14); und jeder Älteste ist ein guter Hirte, wenn er den Herrn nachahmt, indem er Gottes Herde hütet. Ein Ältester, der das Gute liebt, wird andere zur Liebe anleiten und das tun, was gut ist. Er wird sich bemühen, sie von falschen und bösen Dingen abzubringen.

DAS GILT FÜR ALLE GLÄUBIGEN:

„Übrigens, Brüder, alles, was wahr, alles, was ehrbar, alles, was gerecht, alles, was rein, alles was liebenswert, alles, was wohllautend ist, wenn es irgendeine Tugend und wenn es irgendein Lob gibt, das erwägt!“ *(Philipper 4,8)*

FRAGEN:

❶ Nein ❷ Meist nein ❸ Neutral ❹ Meist ja ❺ Ja

1. Sind deine engsten Vertrauten geistlich gesinnte Leute?	5
2. Denkst du mehr über Gottes gute Gnade in deinem Leben nach als über dein Versagen und deine Unzulänglichkeiten?	4
3. Denkst du das Beste über deine Mitmenschen?	5
4. Hast du eine hoffnungsvolle und optimistische Einstellung zum Leben, die sich auf die Bibel gründet?	5
Trage das Resultat hier und in die Gesamteinschätzung am Ende des Buches ein.	19

BESONNEN / BEDACHT

Zusammenfassung:
Ein Ältester soll besonnen sein, d. h. er soll seine Gedankenwelt, seine Emotionen und sein Verhalten unter Kontrolle halten können. Seine gesamte Haltung sich selbst und anderen gegenüber muss von Selbstbeherrschung geprägt sein.

Schlüsselvers:
„Der Aufseher muss ... besonnen ... sein." *(1. Timotheus 3,2)*

Der Aufseher soll „sich selbst beherrschen können."
(Titus 1,8, NeÜ)

Beschreibung
Das griechische Wort *sophron* wird in 1. Timotheus 3,2 und in Titus 1,8 mit „besonnen" übersetzt (ELB). Man kann man es aber auch mit „bedacht", „selbstbeherrscht" oder „selbst-diszipliniert" übersetzen, wofür es allerdings auch noch ein anderes Wort im Griechischen gibt, das Paulus am Ende von Titus 1,8 verwendet. Die Bedeutungen überlappen sich also, es gibt aber auch Unterschiede.

„Selbstdisziplin" meint meistens die Kontrolle über bestimmte Gedanken und Verhaltensmuster, „Besonnenheit" dagegen eher die Grundhaltung für alle Lebensbereiche. D. h. Ausschweifungen, Gefühlsschwankungen, unberechenbares Verhalten oder ständige Meinungsänderungen sollten bei einem Ältesten nicht zu finden sein. Ein besonnener oder bedachter Ältester ändert seine Meinung nicht aus einer Laune heraus und orientiert sich auch nicht an den neuesten Trends. Er übt Selbstdisziplin in seiner Gedankenwelt – ja, in seinem gesamten Inneren.

Auch finden wir in diesem Zusammenhang den Ausdruck „maßvoll". Ein Ältester sollte „nicht höher von sich denken, als zu denken sich gebührt, sondern darauf bedacht zu sein, dass er besonnen sei (Luther: dass er maßvoll von sich halte), wie Gott einem jeden das Maß des Glaubens zugeteilt hat" (Röm 12,3). Durch seine Besonnenheit ist er ein Vorbild als ein „lebendiges, heiliges, Gott wohlgefälliges Opfer" für alle Gläubigen, die „durch die Erneuerung des Sinnes verwandelt worden sind" (Röm 12,1-2).

Ein besonnener Ältester hat Kontrolle über seine Gedanken, denn sie motivieren ihn zum Handeln. Er behält den Überblick, wie und wann etwas getan werden muss. Diese Eigenschaft sollte auch für ältere Männer und jüngere Frauen charakteristisch sein (Tit 2,2.5), und darum auch bei den Ältesten einer Gemeinde.

Selbstkontrolle und Selbstdisziplin sind bei einem vernünftigen, besonnenen Mann erkennbar. Und umgekehrt gilt das Gleiche: Ein vernünftiger Mann, der keine Selbstdisziplin kennt, ist kein Vorbild in christlicher Lebensführung. Er hat keine geistliche Kraft und kann die Gemeinde Gottes im Blick auf ein heiliges Leben nicht führen.

DAS GILT FÜR ALLE GLÄUBIGEN:

„Denn ich sage durch die Gnade, die mir gegeben wurde, jedem, der unter euch ist, nicht höher von sich zu denken, als zu denken sich gebührt, sondern darauf bedacht zu sein, dass er besonnen sei, wie Gott einem jeden das Maß des Glaubens zugeteilt hat." *(Römer 12,3)*

Beachten wir auch das Gleichnis der zehn Jungfrauen (Matthäus 25,1-13), in dem der Herr Jesus die Wichtigkeit eines besonnenen und disziplinierten Verhaltens herausstellt.

FRAGEN:

❶ Nein ❷ Meist nein ❸ Neutral ❹ Meist ja ❺ Ja

1. Bist du grundsätzlich vernünftig, besonders in Bezug auf finanzielle Angelegenheiten?	5
2. Kannst du in Beziehungsfragen guten Rat geben?	5
3. Suchst du grundsätzlich Antworten im Wort Gottes, wenn es um wichtige Entscheidungen geht?	4
4. Kannst du ausgewogen darüber nachdenken, wie deine Gemeinde vorankommen kann?	3
Trage das Resultat hier und in die Gesamteinschätzung am Ende des Buches ein.	17

SELBSTBEHERRSCHT

Zusammenfassung:
Während Maßlosigkeit das Kennzeichen eines Ungläubigen ist, ist Selbstdisziplin für jeden Christen unerlässlich, besonders für Älteste, weil sie für alle Gläubigen Vorbilder sein sollen.

Schlüsselvers:
„Der Aufseher soll ... sich selbst beherrschen können ..." *(Titus 1,8, NeÜ)*

Beschreibung
Selbstdisziplin war für den Apostel Paulus der Schlüssel zum angemessenen Umgang mit Götzenopferfleisch und ebenso zu (s)einem effektiven Dienst (1Kor 8). Um Selbstdisziplin zu veranschaulichen, führt er das Beispiel eines Sportlers an: „Ich laufe nun so, nicht wie ins Ungewisse; ich kämpfe so, nicht wie einer, der in die Luft schlägt; sondern ich zerschlage meinen Leib und knechte ihn, damit ich nicht, nachdem ich anderen gepredigt, selbst verwerflich werde" (1Kor 9,26-27).

Selbstdisziplin ist praktizierte Selbstbeherrschung, um auf Unnützes zu verzichten und das zu bekommen, was Ewigkeitswert hat. Man kann es sowohl von der negativen (Unnützes vermeiden) als auch von der positiven Seite sehen (nach dem streben, was göttlich und ewig ist). Laut 2. Petrus 1,6 ist Selbstdisziplin zusammen mit Glauben, Tugend und Erkenntnis absolut notwendig, um geistliche Reife zu erlangen.

Warum ist Selbstdisziplin wichtig? Denke über folgende Gründe nach:

- Maßlosigkeit ist das Kennzeichen des früheren Lebens als Ungläubiger (Tit 3,3; Eph 2,1-3) und des Fleisches (Gal 5,19-21).

- Maßlosigkeit ist das Kennzeichen von falschen Lehrern (Jes 56,10; Jer 23,1-12; Hes 34,1-16; 2Petr 2,1-3). Auch beschreibt sie das Leben eines Ungläubigen am Ende der Zeiten (2Tim 3,1-5).

- Mangelnde Selbstbeherrschung macht uns für Satans Angriffe verwundbar (1Kor 7,5).

- Selbstbeherrschung soll ein Kennzeichen für alle Christen sein (2Petr 1,6) und ist eine Frucht des Geistes (Gal 5,22-23).

- Selbstdisziplin ist für die Entfaltung und Ausübung der geistlichen Gaben notwendig (2Tim 1,6-7).

- Weil Älteste durch ihr Vorbild leiten sollen, muss Selbstdisziplin in ihrem Leben erkennbar sein.

- Mangelnde Selbstdisziplin disqualifiziert einen Mann als Ältesten (1Kor 9,27; Tit 1,8).

DAS GILT FÜR ALLE GLÄUBIGEN:

„Die Frucht des Geistes ist … Selbstbeherrschung …“ *(Galater 5,23, NeÜ)*

„Der Erkenntnis muss die Selbstbeherrschung folgen, der Selbstbeherrschung die Geduld und der Geduld die liebevolle Ehrfurcht vor Gott.“ *(2. Petrus 1,6, NeÜ)*

FRAGEN:
❶ Nein ❷ Meist nein ❸ Neutral ❹ Meist ja ❺ Ja

1. Bringst du Aufgaben gewöhnlich rechtzeitig zu Ende?	
2. Erscheinst du rechtzeitig zu vereinbarten Treffen?	
3. Kannst du deine Zunge kontrollieren?	
4. Hast du Kontrolle über dein Essverhalten?	
Trage das Resultat hier und in die Gesamteinschätzung am Ende des Buches ein.	

NÜCHTERN / GEMÄSSIGT

Zusammenfassung:
Ein Ältester muss nüchtern sein, d. h. in seinen Gedanken, in seinem Verhalten und im Genuss soll er gemäßigt oder ausgeglichen sein. Er sollte nicht zu unklugen oder egoistischen Extremen neigen.

Schlüsselvers:
„Ein Aufseher muss ... nüchtern ... sein." *(1. Timotheus 3,2)*

Beschreibung
Ein Ältester soll nicht zu unklugen, egoistischen oder selbstzerstörerischen Extremen neigen. In 1. Timotheus 3,2 finden wir das Adjektiv „nüchtern"; normalerweise wird es im Zusammenhang mit Alkohol gebraucht. Da andere Qualifikationsmerkmale sich eher mit dieser Problematik befassen, bezieht sich dieses „nüchtern" auf weitreichendere Gebiete. In der englischen King-James-Bibel wird das Wort „wachsam" gebraucht, was die logische Folge von „nüchtern" ist. Das Verhalten und Denken eines Ältesten soll gemäßigt sein, damit er nicht taub oder unempfindlich der Wahrheit gegenüber wird, sondern wachsam bleibt.

Um es noch einmal klarzustellen: Es ist wichtig, in Bezug auf Alkohol, Essen, Erholung, Kleidung, äußeres Erscheinen, Besitz, Sport, Spiele, Medienkonsum und Unterhaltung ausgeglichen zu sein. Alle diese Dinge mögen gut und nützlich sein, wenn sie in Maßen gebraucht werden. Aber sobald sie überhandnehmen, werden sie zu einem Problem, denn sie führen zur Abstumpfung gegenüber der Wahrheit und dem geistlichen Leben. In 1. Timotheus 3,11 wird das Wort „nüchtern" als Gegensatz zu Frauen gebraucht, die negativ über andere Leute reden („tratschen") und damit taub für deren geistliche Bedürfnisse werden. 1. Thessalonicher 5,6 gebraucht das Wort als Gegensatz zu „geistlich schlafen". Ein schlafender Christ kann unmöglich nüchtern oder wachsam sein, da sein Schlaf jegliche Aufmerksamkeit ausschaltet.

Ein Ältester kann also ausgeglichen auf schwierige Situationen eingehen und nimmt nicht vorschnell eine extreme Sichtweise an. Er kann Wahrheitsansprüche und alternative Vorstellungen bewerten und Graubereiche in Auslegung und Anwendung sowie extreme Schwarz-Weiß-Positionen unterscheiden. Er vermeidet das sprichwörtliche „Steckenpferd", d. h. er wird seine persönliche Sichtweise der Wahrheit oder Anwendung der Schrift nicht überbetonen. Schließlich ist das Verhalten eines Ältesten gegenüber seinen Mitmenschen ausgewogen. Nüchtern ist auch, wer in geistlichen Belangen wachsam ist.

DAS GILT FÜR ALLE GLÄUBIGEN:

„… dass die alten Männer nüchtern seien, ehrbar, besonnen, gesund im Glauben, in der Liebe, im Ausharren." *(Titus 2,2)*

FRAGEN:

❶ Nein ❷ Meist nein ❸ Neutral ❹ Meist ja ❺ Ja

1. Verzichtest du immer wieder auf deine Ansprüche, um anderen Gutes zu tun?	
2. Kannst du dich an den Annehmlichkeiten des Lebens erfreuen, ohne von ihnen beherrscht zu werden?	
3. Widerstehst du der Versuchung, dich durch enttäuschende Umstände entmutigen zu lassen?	
4. Bist du frei von größeren oder unüberschaubaren finanziellen Schulden (Haus, Auto oder Ausbildung ausgenommen)?	
Trage das Resultat hier und in die Gesamteinschätzung am Ende des Buches ein.	

KEIN NEUBEKEHRTER

Zusammenfassung:
Ein Neubekehrter darf kein Ältester sein, denn er ist nicht gewappnet gegen den Hang zum Stolz und die Angriffe des Teufels auf Leiter.

Schlüsselvers:
„... nicht ein Neubekehrter, damit er nicht, aufgebläht, dem Gericht des Teufels verfalle." *(1. Timotheus 3,6)*

Beschreibung

Paulus geht es hier nicht um das biologische Alter, sondern um die Zeitspanne vom Zeitpunkt der Wiedergeburt eines Menschen an. Ein Gläubiger, der erst vor Kurzem Christ geworden ist, ist empfänglicher für die Versuchung des Stolzes als einer, der auch in anderen Voraussetzungen für einen Ältesten reifer ist. Stolz in der Leiterschaft ist äußerst zerstörerisch und hinderlich für eine Gemeinde (siehe 1Tim 6,3-5). Darum wäre es unklug, einen Neubekehrten als Ältesten einzusetzen. Außerdem wäre es für ihn nicht hilfreich, ihn in seinem Glaubensleben den Versuchungen des Teufels auszusetzen, da er noch nicht gelernt hat, damit umzugehen. Er kann noch nicht auf sich selbst und noch weniger auf die gesamte Gemeinde aufpassen (Apg 20,28). Junge Gläubige haben einfach noch nicht die Erfahrung und das Wissen, den Verführungen und Angriffen des Teufels von vornherein zu widerstehen.

Es braucht Zeit, um die Bewährung im Glaubens und das Wachstum als Christ bei jemandem zu erkennen. Beachten wir den Hinweis in Titus 1, wo es von den jüdischen Unruhestiftern heißt: „Sie geben vor, Gott zu kennen, aber in den Werken verleugnen sie ihn ..." (Tit 1,16). Benennt man einen Neubekehrten zu schnell als Ältesten, übergeht man die anderen Qualifikationsmerkmale, denn es braucht Zeit, bis die Früchte der Heiligung zu sehen sind (2Petr 1,3-11).

Als Paulus an Timotheus in Ephesus schrieb, waren die Gläubigen bereits gut belehrt worden und hatten Älteste (Apg 20,17-38). Als er an Titus schrieb, waren die Gemeinden in Kreta noch jung und hatten noch keine Ältesten eingesetzt (Tit 1,5). Die in Ephesus benannten Ältesten waren wahrscheinlich Juden oder gottesfürchtige Heiden (z. B. Apg 13,43 „... folgten viele der Juden und der anbetenden Proselyten dem Paulus ...“), die deshalb bereits gottgemäße Qualitäten besaßen. Manchmal kann es bei neugegründeten Gemeinden angebracht sein, junge Gläubige nicht von geistlicher Leiterschaft auszuschließen, aber die Norm sollte doch sein, keine Neubekehrten als Älteste einzusetzen.

DAS GILT FÜR ALLE GLÄUBIGEN:

„Denn während ihr der Zeit nach Lehrer sein solltet, habt ihr wieder nötig, dass man euch lehre, was die Anfangsgründe der Aussprüche Gottes sind; und ihr seid solche geworden, die Milch nötig haben und nicht feste Speise. Denn jeder, der noch Milch genießt, ist richtiger Rede unkundig, denn er ist ein Unmündiger; die feste Speise aber ist für Erwachsene, die infolge der Gewöhnung geübte Sinne haben zur Unterscheidung des Guten wie auch des Bösen.“ *(Hebräer 5,12-14)*

FRAGEN:
❶ Nein ❷ Meist nein ❸ Neutral ❹ Meist ja ❺ Ja

1. Bist du bereits seit längerer Zeit Christ?	
2. Hast du schwierige Zeiten in deinem Leben erlebt und gemeistert?	
3. Hast gelernt, dich über längere Zeit auf Gottes Zusagen zu verlassen? Und hast du erlebt, wie er sie erfüllt hat?	
4. Hat sich dein Charakter im Dienst an der Gemeinde über einen längeren Zeitraum bewährt?	
Trage das Resultat hier und in die Gesamteinschätzung am Ende des Buches ein.	

KEIN TRINKER

Zusammenfassung:
Ein Ältester soll nicht alkoholabhängig sein, nicht übermäßig trinken oder von anderen Suchtmitteln abhängig sein.

Schlüsselvers:
„Ein Aufseher soll ... kein Trinker sein ..." *(1. Timotheus 3,3)*

„Ein Aufseher soll ... nicht dem Wein ergeben sein ..." *(Titus 1,7)*

Beschreibung
Ein Ältester soll nicht jemand sein, der übermäßig viel Alkohol trinkt. In beiden Abschnitten finden wir noch die Ergänzung, dass ein Ältester „kein Schläger" bzw. „nicht gewalttätig" sein soll, denn das sind oftmals die Folgen von übermäßigem Alkoholgenuss. Alkoholmissbrauch kann das konkrete Resultat von fehlenden anderen Charaktereigenschaften eines Ältesten sein, wie z. B. Nüchternheit, Enthaltsamkeit, das Gute liebend usw.

Es geht hier nicht um das alkoholische Getränk oder den Wirkstoff selbst, sondern dessen übermäßigen Gebrauch. In der Schrift finden wir keine Aufforderung, dass sich ein Ältester gänzlich vom Alkohol fernhalten soll, sie verbietet nur den übermäßigen Konsum. Jesus selbst bestätigte Wein als zulässiges Getränk bei der Hochzeit in Kana, indem er Wasser in Wein verwandelte. Wir finden keinen Gegenbeweis, dass es sich beim letzten Abendmahl nicht auch um richtigen Wein handelte (man könnte höchstens noch über die Höhe des Alkoholgehalts diskutieren). Dennoch müssen besonders Älteste hier „auf sich selbst achten" (Apg 20,28). Die Schrift warnt eindeutig vor den Gefahren des Alkohols, deshalb müssen Älteste wegen der möglichen Konsequenzen vorsichtig im Umgang damit sein.

„Und berauscht euch nicht mit Wein, worin Ausschweifung ist …" (Eph 5,18). Laut Galater 5,20.21 sind Trinkgelage Werke des Fleisches. „Ein Spötter ist der Wein, ein Lärmer der Rauschtrank; und jeder, der davon taumelt, ist unweise" (Spr 20,1).

Zu viel Alkohol beeinflusst die Wahrnehmung eines Ältesten (Spr 23,31-34), benebelt sein Urteilsvermögen (Spr 31,4) und senkt seine moralische Hemmschwelle (Hab 2,15; 1Mo 9,21). Innerhalb kurzer Zeit kontrolliert der Alkohol eine Person und nicht die Person den Alkohol.

Das alles sind Gründe, warum ein Ältester nicht zu viel Alkohol trinken sollte. Dazu zählt auch der Konsum von anderen abhängig machenden Substanzen, wie z. B. Marihuana, Beruhigungs- oder Schmerzmittel. Ein Ältester soll „selbstbeherrscht" (Tit 1,8, NeÜ) und „vom Geist geleitet" sein (Gal 5,18) – diese beiden Eigenschaften schließen sich übrigens nicht aus. In unserer Zeit, in der übermäßiger Alkoholkonsum an der Tagesordnung ist, sollten Älteste für die Herde ein Vorbild im Maßhalten sein oder sogar schwächeren Christen zuliebe zeitweise ganz abstinent bleiben.

DAS GILT FÜR ALLE GLÄUBIGEN:

„Und berauscht euch nicht mit Wein, worin Ausschweifung ist, sondern werdet voller Geist …" *(Epheser 5,18)*

„Ein Spötter ist der Wein, ein Lärmer der Rauschtrank; und jeder, der davon taumelt, ist unweise." *(Sprüche 20,1)*

FRAGEN:

❶ Nein ❷ Meist nein ❸ Neutral ❹ Meist ja ❺ Ja

1. Kannst du bestätigen, dass dich keine zerstörerischen Sünden beherrschen?	
2. Achtest du darauf, dass deine Freiheit keinen schwächeren Christen zu Fall bringt?	
3. Bist du auch nüchtern und besonnen, was dein Gefühlsleben betrifft?	
4. Hältst du dich von übermäßigem Alkoholkonsum und abhängig machenden Mitteln fern?	
Trage das Resultat hier und in die Gesamteinschätzung am Ende des Buches ein.	

NICHT GIERIG / NICHT GELDLIEBEND

Zusammenfassung:
Älteste sollen Geldliebe vermeiden, denn damit leben sie falsche Prioritäten vor. Gier raubt der Herde Gottes Liebe, Fürsorge, Zeit und Energie.

Schlüsselvers:
„Der Aufseher soll ... nicht geldliebend ... sein."
(1. Timotheus 3,3)

„Der Aufseher soll nicht ... schändlichem Gewinn nachgehen ..." *(Titus 1,7)*

„Hütet die Herde Gottes ... Gott gemäß, auch nicht aus schändlicher Gewinnsucht ..." *(1. Petrus 5,2)*

Beschreibung
Dieses Charaktermerkmal finden wir in allen drei Aufzählungen der Voraussetzungen für einen Ältesten. Titus 1,7 und 1. Petrus 5,2 gebrauchen den Ausdruck „schändliche Gewinnsucht"; in anderen Übersetzungen finden wir den Ausdruck, „sich bereichern" zu wollen. Die Vorstellung dahinter ist Gier, die sich in einer ungesunden Konzentration auf Geld zeigt. Diese Sünde ist auch heutzutage die Wurzel alles Bösen (1Tim 6,10). Paulus vergleicht Habgier mit Götzendienst (Eph 5,5; Kol 3,5-6). Damit macht er unmissverständlich klar, dass Habgier so schlimm ist wie die Sünde, die das Volk Israel irregeleitet hat. Auch ein Ältester kann aus Gier davon abgebracht werden, für Gottes Volk zu sorgen. Petrus fügt noch hinzu, dass falsche Lehrer an ihrer Geldliebe und Habgier zu erkennen sind (2Petr 2,2-3).

Habgier ist eine ungeistliche Sucht nach mehr. Sie stellt Gottes Gnade infrage und jammert darüber, dass Gott unfair ist mit dem, was er uns gegeben hat. Im Grunde genommen ist Gier mangelnde Zufriedenheit. Das biblische Gegenteil von Gier ist Zufriedenheit (1Tim 6,6; Hebr 13,5). Wir sollen vor der Geldliebe ebenso fliehen wie vor dem Götzendienst (1Tim 6,10). Warum? Weil Jesus deutlich gemacht hat: „Niemand kann zwei Herren dienen; denn entweder wird er den einen hassen und den anderen lieben, oder er wird einem anhängen und den anderen verachten. Ihr könnt nicht Gott dienen und dem Mammon" (Mt 6,24).

Um eines klarzustellen: Der Älteste muss für sein eigenes Auskommen arbeiten (2Thes 3,10) und für seine Hausgenossen sorgen (1Tim 5,8). Aber je mehr ein Mensch nach Reichtum trachtet, der über seine tatsächlichen Bedürfnisse hinausgeht, desto weniger wird es ihm um das Wohl der Gotteskinder gehen. Denn da, wo unser Schatz ist, wird auch unser Herz sein (Mt 6,20) – und auch unsere Zeit und Energie. Darum werden wir als Älteste dreimal aufgefordert, diese Sünde zu vermeiden.

DAS GILT FÜR ALLE GLÄUBIGEN:

„Denn eine Wurzel alles Bösen ist die Geldliebe, nach der einige getrachtet haben und von dem Glauben abgeirrt sind und sich selbst mit vielen Schmerzen durchbohrt haben." *(1. Timotheus 6,10)*

„Der Wandel sei ohne Geldliebe; begnügt euch mit dem, was vorhanden ist!" *(Hebräer 13,5a)*

FRAGEN:
❶ Nein ❷ Meist nein ❸ Neutral ❹ Meist ja ❺ Ja

1. Vertraust du Gott in finanziellen Engpässen?	
2. Gibst du großzügig, wenn Menschen in finanzieller Not sind?	
3. Spendest du großzügig für Gottes Werk in der örtlichen Gemeinde und in der Mission?	
4. Ist dein Wunsch, anderen zu helfen, größer als der, mehr Geld zu verdienen? Wie zeigt sich das in deiner Karriere und deiner wöchentlichen Arbeitszeit?	
Trage das Resultat hier und in die Gesamteinschätzung am Ende des Buches ein.	

GASTFREI

Zusammenfassung:
Gastfreundschaft ist typisch für einen Ältesten, der andere Menschen an seinem persönlichen Leben und Familiengeschehen teilnehmen lässt.

Schlüsselvers:
„Ein Aufseher muss ... gastfrei ... sein." *(1. Timotheus 3,2)*

„Der Aufseher muss ... gastfrei ... sein." *(Titus 1,8)*

Beschreibung
Älteste sollen vorleben, was allen Christen geboten ist: ein opferbereites Leben zu führen, wozu auch Gastfreundschaft (Röm 12,13) gehört. Petrus fordert zu einer anhaltenden Liebe untereinander auf (1Petr 4,8-9). Der Hebräerbrief nennt Gastfreundschaft als eine Priorität, sogar inmitten von Verfolgung (Hebr 13,1-2).

Der zugrundeliegende Begriff besteht aus den zwei griechischen Wörtern für „brüderliche Liebe" und „Fremder". Gastfreundschaft heißt, brüderliche Liebe auch denen zu zeigen, die nicht zum normalen Freundes- oder Familienkreis gehören (3Jo 5-6). Oftmals luden Maria, Martha und Lazarus andere in ihr Zuhause ein, allen voran den Herrn Jesus Christus selbst. Oder denken wir an den Mann, der Jesus und seinen Jüngern für das letzte gemeinsame Abendmahl sein Obergemach zur Verfügung stellte. Oder an die Familie des Johannes Markus, in deren Haus die Jünger beteten, als Jakobus und Petrus im Gefängnis waren (Apg 12,12).

Ein gastfreier Ältester öffnet sein Haus und lässt andere in sein Lebensumfeld hineinschauen. Darin zeigt sich demütige Liebe. Gastfreundschaft bietet Vertrautheit inmitten unserer digitalisierten, unpersönlichen Gesellschaft. Das Zusammensein mit anderen ermutigt zu tiefgehender Gemeinschaft. Gastfreundschaft ermöglicht es einem geistlichen Hirten, seine „Schafe“ besser kennenzulernen – und umgekehrt. Jesus sagte: „Ich kenne meine Schafe“ (Joh 10,17). In einer ruhigen und entspannten Atmosphäre spürt der Besucher dein Interesse und deine Fürsorge. Dadurch wird er sich leichter öffnen, wenn er Hilfe benötigt.

In der Bibel bedeutet Gastfreundschaft meist Essen und Unterkunft. Für Älteste sollte es typisch sein, dass sie regelmäßig Gäste zum Essen zu sich einladen und (wenn möglich) auch Übernachtungsmöglichkeiten anbieten. Aber Gastfreundschaft kann auch bedeuten, eine junge Familie zu einem Restaurantbesuch einzuladen oder sich mit jemanden auf einen Kaffee zu treffen, um miteinander Zeit zu verbringen. Älteste zeichnen sich dadurch aus, dass sie andere Menschen in ihr Leben einladen. Verwundert es uns dann noch, dass der Himmel mit einem Festmahl verglichen wird?

DAS GILT FÜR ALLE GLÄUBIGEN:

„Trachtet nach … Gastfreundschaft.“ *(Römer 12,10.13)*

„Die Gastfreundschaft vergesst nicht! Denn dadurch haben einige, ohne es zu wissen, Engel beherbergt.“ *(Hebräer 13,2)*

FRAGEN:

❶ Nein ❷ Meist nein ❸ Neutral ❹ Meist ja ❺ Ja

1. Dienst du oft Menschen, indem du sie zu dir nach Hause einlädst?	
2. Bemühst du dich bei Gemeindeveranstaltungen, auf Gäste und Besucher zuzugehen, die du noch nicht kennst?	
3. Hast du im Allgemeinen eine fröhliche Grundeinstellung?	
4. Lädst du regelmäßig andere in deine Gemeinde ein?	
Trage das Resultat hier und in die Gesamteinschätzung am Ende des Buches ein.	

SANFT / FREUNDLICH

Zusammenfassung:
Älteste sollen ihre Autorität mit Sanftmut ausüben, die andere ermutigt und einladend auf Menschen wirkt, die Hilfe brauchen.

Schlüsselvers:
„Ein Aufseher muss ... sanft (freundlich) ... sein."
(1. Timotheus 3,3)

Beschreibung

Paulus gebraucht hier ein Wort, das nicht wirklich mit nur einem deutschen Wort übersetzt werden kann. Es setzt sich sozusagen aus mehreren Begriffen zusammen: Geduld, Güte, Rücksichtnahme, Freundlichkeit und Vergebung (je nach Übersetzung). Paulus erklärt dieses Wort auf unterschiedliche Art und Weise. Zuerst nennt er „sanft / milde" als Gegensatz zu „streitbar" und bringt es dann in den Zusammenhang mit „friedlich" oder „friedfertig sein". Jedoch erklärt er diesen Begriff noch deutlicher, indem er sich und sein Leben vorstellt:

„Obwohl wir als Apostel des Messias mit Autorität hätten auftreten können, sind wir behutsam mit euch umgegangen wie eine Mutter, die liebevoll für ihre Kleinen sorgt. … Ihr wisst ja, dass wir uns um jeden Einzelnen von euch gekümmert haben wie ein Vater um seine Kinder ..." (1Thes 2,7.11, NeÜ).

Sanftmut ist ein Kennzeichen unseres Gottes (Lk 1,78; Tit 3,4), besonders unseres Herrn Jesus (Mt 11,28-30; 12,20; Tit 3,4-5). Dieses Charaktermerkmal sollte bei allen Gläubigen zu finden sein (Gal 5,23; Eph 4,31-32; Phil 4,5).

Warum ist Sanftmut besonders bei Ältesten erforderlich? Älteste haben eine gewisse Autorität in der Gemeinde und über das Leben anderer. Wenn sie nach der Bibel leben, sollte ihre Lehre „richtig" sein, ebenso ihr Urteil und ihre Korrekturmaßnahmen. Allerdings können diese Autorität und das „Recht-Haben“ leicht in Härte und Strenge umschlagen. Strenge führt sehr schnell dazu, dass sich sensible Gläubige zurückziehen, und sie blockiert das Miteinander. Freundlichkeit und Sanftmut dagegen fördern Vertrauen. Älteste sollten diese Eigenschaft ihrer Herde vorleben. Wahrscheinlich war es diese Sanftmut, die Sünder bei Jesus als so anziehend und vertrauenerweckend empfanden, dass sie seine Hilfe suchten. Beten wir darum, dass uns der Herr diese Sanftmut und Freundlichkeit in der Fürsorge für andere gewährt.

DAS GILT FÜR ALLE GLÄUBIGEN:

„Die Frucht des Geistes aber ist: … Sanftmut …“
(Galater 5,22-23)

FRAGEN:
❶ Nein ❷ Meist nein ❸ Neutral ❹ Meist ja ❺ Ja

1. Bist du anpassungsfähig genug, um deinen Standpunkt zu ändern, wenn es um Kleinigkeiten geht?	
2. Bist du ein guter und mitfühlender Zuhörer für deine Mitmenschen?	
3. Bist du freundlich und respektvoll denen gegenüber, die finanziell oder sozial unter dir stehen?	
4. Bist du in der Lage, eine Situation unter Kontrolle zu halten, ohne dabei autoritär zu wirken?	
5. Kannst du andere leiten, ohne häufig dabei deine Macht herauszukehren?	
Trage das Resultat hier und in die Gesamteinschätzung am Ende des Buches ein.	

NICHT HERRSCHEND

Zusammenfassung:
Ein Ältester soll nicht über die Gemeinde herrschen, als hätte er endgültige Autorität und Macht. Er soll ein dienender Leiter sein mit all den anderen genannten Eignungsmerkmalen.

Schlüsselvers:
„Hütet die Herde Gottes ... nicht als die, die über ihren Bereich herrschen ...“ *(1. Petrus 5,3)*

Beschreibung

Ein Ältester soll sich nicht als Herr der Gemeinde aufspielen oder die Herde beherrschen (1Petr 5,3) in dem Sinn, dass er die Gemeinde nach seinem Willen unterdrückt. Er ist nicht die Spitze einer Leitungshierarchie, von der alle Autorität ausgeht. Das griechische Wort *katakyrieuo* drückt eine sehr starke Form von Herrschaft aus. Es setzt sich zusammen aus dem Wort *kyrios* und der Vorsilbe *kata,* die den Sinn von „gegen“ oder „über“ oder „von oben herab“ vermittelt. Dieses harte und negative Wort sollte niemals einen Ältesten beschreiben.

Auch Jesus gebrauchte dieses Wort, um seine Jünger zu warnen: „Ihr wisst, dass die Regenten der Nationen sie beherrschen (*katakyrieuosin*, Mehrzahl des Wortes aus 1Petr 5,3) und die Großen Gewalt gegen sie üben. Unter euch wird es nicht so sein; sondern wenn jemand unter euch groß werden will, wird er euer Diener sein, und wenn jemand unter euch der Erste sein will, wird er euer Sklave sein; gleichwie der Sohn des Menschen nicht gekommen ist, um bedient zu werden, sondern um zu dienen und sein Leben zu geben als Lösegeld für viele“ (Mt 20,25-28).

Das soll nicht heißen, dass ein Ältester überhaupt keine Autorität hat. Paulus spricht von Ältesten, die gut vorstehen (1Tim 5,17, hier steht das Wort *proistemi* im Sinne von „leiten“ oder „führen“). Die Gemeinde soll ihren Leitern gehorchen und sich ihnen unterordnen, denn „sie wachen über ihre Seelen als solche, die Rechenschaft geben werden“ (Hebr 13,17). Aber kein Ältester soll Macht und Kontrolle begehren wie Diotrephes, „der gerne unter ihnen der Erste sein wollte“ (3Jo 9). Ein Ältester soll demütig und bescheiden leiten – wie ein Hirte, der seine Schafe liebt und bereit ist, sein Leben für sie zu geben. Wenn seine Art der Leitung alle geforderten Eignungsmerkmale widerspiegelt, wird er wirklich ein dienender Ältester sein.

DAS GILT FÜR ALLE GLÄUBIGEN:

„Tut nichts aus Eigennutz oder eitler Ruhmsucht, sondern dass in der Demut einer den anderen höher achtet als sich selbst; ein jeder sehe nicht auf das Seine, sondern ein jeder auch auf das der anderen! Habt diese Gesinnung in euch, die auch in Christus Jesus war, der in Gestalt Gottes war und es nicht für einen Raub hielt, Gott gleich zu sein. Aber er machte sich selbst zu nichts und nahm Knechtsgestalt an, indem er den Menschen gleich geworden ist, und der Gestalt nach wie ein Mensch befunden, erniedrigte er sich selbst ...“
(Philipper 2,3-7)

„Unter euch wird es nicht so sein; sondern wenn jemand unter euch groß werden will, wird er euer Diener sein …“
(Matthäus 20,26)

FRAGEN:
❶ Nein ❷ Meist nein ❸ Neutral ❹ Meist ja ❺ Ja

1. Stimmt es, dass du nicht manipulierst oder drohst, um deinen Willen durchzusetzen?	
2. Kannst du einem anderen ohne Widerstreben die Führung zu überlassen, auch wenn ihr unterschiedlicher Meinung seid?	
3. Bist du teamfähig?	
4. Vertraust du dem Herrn auch dann, wenn andere deiner Führung nicht folgen? Und reagierst du auch nicht ärgerlich oder manipulativ?	
Trage das Resultat hier und in die Gesamteinschätzung am Ende des Buches ein.	

NICHT STREITSÜCHTIG

Zusammenfassung:
Älteste müssen sich mit schwierigen Angelegenheiten befassen, und es gibt Zeiten, in denen sie einen Bruder oder eine Schwester kritisch hinterfragen und zur Rede stellen müssen. Sie dürfen das aber nicht streitsüchtig oder aggressiv tun.

Schlüsselvers:
Ein Aufseher soll „... nicht streitsüchtig (d. h. friedliebend) sein ..." *(1. Timotheus 3,3)*

Beschreibung
Die Gute-Nachricht-Bibel übersetzt das Wort hier mit „friedliebend", während die meisten anderen Bibelübersetzungen den Ausdruck mit „nicht streitsüchtig" wiedergeben. Unter den Voraussetzungen für einen Ältesten sagt Paulus vorher, dass ein Ältester „nicht gewalttätig" bzw. „kein Schläger" sein soll. Weil Auseinandersetzungen meist eher verbal sind, fügt er hinzu, dass ein Ältester nicht aggressiv oder streitsüchtig sein soll. Er soll keine feindseligen, unfruchtbaren Debatten führen, in denen es ihm um „Gewinnen" oder „Verlieren" geht. Wem es um das eigene Ego geht, wird wohl kaum zu einer guten Problemlösung und Entscheidungsfindung kommen.

Es gibt mehrere wichtige Gründe, warum ein Ältester „nicht streitsüchtig" sein soll:

- Streitsüchtig zu sein ist eine Frucht des Fleisches, die eher Streit und Zwietracht als Einigkeit erzeugt (Joh 17,23; Gal 5,16-26; Eph 4,3,13).

- Jeder sollte die Freiheit haben, seine unterschiedliche Sichtweise deutlich zu machen. Dann kann eine gute Entscheidung getroffen werden (siehe Apg 15). Hitzige Debatten führen nur zu verhärteten Fronten. Einander zuzuhören führt zu einvernehmlichen Entscheidungen (Spr 15,1; 25,15).

- Geistliche Leiter unterscheiden sich von Irrlehrern dadurch, dass sie nicht streitsüchtig sind (2Tim 2,22-26).

- Ein Ältester darf sich nicht auf seine eigene Fähigkeit zu argumentieren verlassen, sondern auf die Wahrheit des Wortes Gottes und die Kraft des Heiligen Geistes (Apg 6,4; Phil 3,15).

- Der „nicht streitsüchtige" Älteste beweist seine Kompetenz als Ältester und bestätigt die Wahrheit und Weisheit der folgenden Verse: „Denn wo Eifersucht und Eigennutz ist, da ist Zerrüttung und jede schlechte Tat. Die Weisheit von oben aber ist erstens rein, sodann friedvoll, milde, folgsam, voller Barmherzigkeit und guter Früchte, unparteiisch, ungeheuchelt. Die Frucht der Gerechtigkeit aber wird in Frieden denen gesät, die Frieden stiften" (Jakobus 3,16-18).

DAS GILT FÜR ALLE GLÄUBIGEN:

„Jetzt aber legt auch ihr das alles ab: Zorn, Wut, Bosheit, Lästerung, schändliches Reden aus eurem Mund."
(Kolosser 3,8)

„Ihr wisst doch, meine geliebten Brüder: Jeder Mensch sei schnell zum Hören, langsam zum Reden, langsam zum Zorn! Denn eines Mannes Zorn wirkt nicht Gottes Gerechtigkeit."
(Jakobus 1,19-20)

„Unter euch wird es nicht so sein, sondern wenn jemand unter euch groß werden will, wird er euer Diener sein."
(Matthäus 20,26)

FRAGEN:
❶ Nein ❷ Meist nein ❸ Neutral ❹ Meist ja ❺ Ja

1. Vermeidest du dumme Streitigkeiten und Diskussionen über unwichtige Dinge?	
2. Förderst du Frieden, Harmonie und Einigkeit, wenn es um lehrmäßige Auffassungen geht?	
3. Kannst du gute Punkte in den Ansichten anderer erkennen, mit denen du nicht einer Meinung bist?	
4. Kannst du Diskussionen und Debatten eingrenzen, bevor sie in Streit ausarten?	
Trage das Resultat hier und in die Gesamteinschätzung am Ende des Buches ein.	

NICHT JÄHZORNIG

Zusammenfassung:
Wie der Gott, den er liebt und dem er dient, soll ein Ältester nicht jähzornig oder aufbrausend sein, sondern langsam zum Zorn. Er soll von Gnade, Mitgefühl und Vergebungsbereitschaft geprägt sein.

Schlüsselvers:
Der Aufseher darf „... nicht jähzornig (oder: aufbrausend) sein ..." *(Titus 1,7)*

Beschreibung:
Wenn ein aufbrausender, jähzorniger Mensch provoziert wird, lässt er sich sehr schnell zum Zorn reizen. Er hat einen natürlichen Drang, wütend zu werden. In Sprüche 29,22 wird solch ein Mann als zornig oder wütend beschrieben. Die NeÜ drückt es folgendermaßen aus: „Ein zorniger Mann fängt überall Streit an, und ein Hitzkopf richtet reichlich Unheil an." Ein wütender oder zorniger Mann wird auch als jähzornig bezeichnet.

Jähzorn ist keine positive Charaktereigenschaft, schon gar nicht für einen Ältesten. „Nichts Gutes kommt von einem jähzornigen Menschen, sondern sehr viel Böses" (Spr 14,17.29; 15,18; 25,28; 29,22). Wenn Salomo die Weisen vor dem Umgang mit einem zornigen Menschen warnt (Spr 22,24-25), dann sollte solch ein Mann erst recht kein Leiter in einer Gemeinde sein. Von den geistlichen und klugen Menschen sollte er eher gemieden werden. Schon allein diese Tatsache macht es ihm unmöglich, die Herde Gottes zu hüten.

Darüber hinaus soll ein Ältester Gottes Charakter widerspiegeln, und Gott selbst lässt sich nur langsam zum Zorn reizen: „Gnädig und barmherzig ist der Herr, langsam zum Zorn und groß an Gnade" (Ps 145,8).

Die Welt neigt dazu, Christen als ärgerlich und feindselig wahrzunehmen. Darum sollen besonders Älteste Gottes Charakter reflektieren, der gnädig und mitfühlend ist; sie sollen lieber Gnade als Ärger zeigen. Manches Mal ist Zorn wohlverdient, aber er soll nicht zu schnell hervorbrechen.

Gottes Geduld mit uns sollte uns ermutigen, mit anderen Menschen ebenfalls geduldig zu sein. Wir werden in Gottes Ebenbild verwandelt (Röm 8,29; 2Kor 3,18; 2Petr 1,3-4). Der Heilige Geist wirkt fortwährend in uns, um die Frucht des Geistes hervorzubringen, die unseren fleischlichen Drang zum Ärger überwindet und uns zu Christi Abbild macht (Gal 5,20.22-24).

DAS GILT FÜR ALLE GLÄUBIGEN:

„Jetzt aber legt auch ihr das alles ab: Zorn, Wut, Bosheit, Lästerung, schändliches Reden aus eurem Mund.“ *(Kolosser 3,8)*

„Ihr wisst doch, meine geliebten Brüder: Jeder Mensch sei schnell zum Hören, langsam zum Reden, langsam zum Zorn!“ *(Jakobus 1,19)*

„Unter euch wird es nicht so sein; sondern wenn jemand unter euch groß werden will, wird er euer Diener sein.“ *(Matthäus 20,26)*

FRAGEN:

❶ Nein ❷ Meist nein ❸ Neutral ❹ Meist ja ❺ Ja

1. Kannst du dich gut beherrschen?	
2. Bist du schnell bereit zu vergeben, wenn dir jemand Unrecht getan hat?	
3. Bist du auch in Prüfungszeiten gewöhnlich guten Mutes?	
4. Achtest du im Allgemeinen darauf, deine Kinder nicht im Zorn zu strafen?	
Trage das Resultat hier und in die Gesamteinschätzung am Ende des Buches ein.	

NICHT EIGENMÄCHTIG

Zusammenfassung:
Ein Ältester darf nicht arrogant sein, weil das seine Beziehung zu Gott blockiert, ihn ungnädig werden lässt und dazu bringen kann, andere zu benutzen statt ihnen zu dienen.

Schlüsselvers:
Ein Aufseher soll „... nicht eigenmächtig sein ..." *(Titus 1,7)*

Beschreibung
Paulus schreibt, dass ein Ältester nicht „eigensinnig" (LUT) , „eigenmächtig" (ELB, NeÜ), „überheblich" (HfA), „selbstherrlich" (NGÜ) oder „eigenwillig" (Menge) sein soll. Arroganz und Eigenwille sind eng miteinander verknüpft. Was heißt das? Es ist übertriebene, krankhafte Selbstsicherheit, ein aufgeblähtes Verständnis der eigenen Wichtigkeit. Arroganz zeigt sich in offensichtlicher Missachtung anderer – einschließlich Gott (1Tim 1,13; 2Petr 2,18-20). Während Demut die eigenen Interessen dem Wohl der anderen unterordnet (Phil 2,3-8), ignoriert Arroganz das Wohl der anderen und sucht den eigenen Vorteil (siehe Dan 4, Stolz und Niedergang von Nebukadnezar). Wer demütig ist, dankt Gott für seine gnädige Fürsorge; wer arrogant ist, rechnet sich das Gute, das er aus Gottes Hand empfangen hat, als eigenen Verdienst an. Der Demütige erkennt an, dass Gott allwissend und allmächtig ist; der Überhebliche meint, dass er in sich selbst genug Weisheit und Macht hat, um Gutes zu bewirken.

Mit einem Wort lässt sich ausdrücken, was Gott den Seinen schenkt: Gnade. In allen seinen Briefen erwähnt Paulus in seiner Begrüßung die Gnade. Ein eigenmächtiger Mensch widersetzt sich nicht nur der Gnade, er verachtet sie auch: „Warum brauche ich Gottes gnädiges Eingreifen in meinem Leben, wenn ich doch alles aus eigener Weisheit und Kraft schaffe?" Mit einer solchen Einstellung kann ein Ältester keine Gnade an die weitergeben, die er leitet, und er kann auch nicht die Gnade Christi vorleben.

Für jeden ist Arroganz oder Eigenwille eine tödliche Krankheit, aber warum wird sie in der Aufzählung der Voraussetzungen für Älteste genannt? Überheblichkeit ist für jeden Leiter ein „Berufsrisiko" (5Mo 17,18-20). Jesus hat deutlich gemacht, dass man Gottes Volk nur mit einem dienstbereiten Herzen leiten kann, im Gegensatz zu den Herrschern anderer Völker, die ihre Untergebenen beherrschen (Mt 20,20-28). Überheblichkeit fördert die Unabhängigkeit von Gott, Demut fördert die Abhängigkeit von Gott. Wer überheblich ist, kann weder Gott noch seinen Nächsten lieben. Im Gegenteil – er macht sich Gott sogar zum Feind (1Petr 5,5).

DAS GILT FÜR ALLE GLÄUBIGEN:

„Und er ging ein wenig weiter und fiel auf sein Angesicht und betete und sprach: Mein Vater, wenn es möglich ist, so gehe dieser Kelch an mir vorüber! Doch nicht wie ich will, sondern wie du willst." *(Matthäus 26,39)*

„Seid nun Nachahmer Gottes als geliebte Kinder!"
(Epheser 5,1)

FRAGEN:

❶ Nein ❷ Meist nein ❸ Neutral ❹ Meist ja ❺ Ja

1. Hast du dem Herrn Jesus in allen Bereichen deines Lebens die Herrschaft übergeben?	
2. Gab es Situationen in deinem Leben, in denen du dich untergeordnet und die Entscheidung einer Mehrheit mitgetragen hast, obwohl sie nicht deinem Willen entsprach?	
3. Lässt du dich grundsätzlich vom Heiligen Geist leiten, bevor du eine Entscheidung triffst?	
4. Suchst du oft den Rat anderer, bevor du eine Entscheidung triffst?	
Trage das Resultat hier und in die Gesamteinschätzung am Ende des Buches ein.	

NICHT GEWALTTÄTIG

Zusammenfassung:
In unserer immer mehr von Gewalt geprägten Welt ist es äußerst wichtig, dass sich ein Ältester gewaltlos verhält und dadurch den Herrn Jesus Christus hier auf dieser Erde widerspiegelt.

Schlüsselvers:
„Ein Aufseher nun ... soll kein Schläger ... sein."
(1. Timotheus 3,3)

Ein Aufseher darf „... nicht ein Schläger sein ..." *(Titus 1,7)*

Beschreibung
Paulus gebraucht viele verschiedene Beschreibungen, um den Charakter eines Ältesten in seiner Beziehung zu seinen Mitmenschen zu beschreiben. Hier meint er ganz wörtlich, „sich nicht zu prügeln". Andere Übersetzungen verbinden diesen Ausdruck mit „Boxern" oder „Schlägern". Kannst du dir einen Ältesten vorstellen, der mit einem blauen Auge oder einer blutigen Nase aus einem Ältestentreffen kommt?

Manche Kulturkreise haben einen größeren Hang zu körperlicher Gewalt. Da erinnern wir uns an die Helden aus dem Alten Testament oder an die Neigung der Jünger unseres Herrn, Feuer vom Himmel regnen zu lassen (Lk 9,54). Unsere fleischliche Natur tendiert dazu, unseren Willen durch Anwendung von körperlicher Gewalt durchzusetzen (Gal 5,19-21) – eventuell auch durch brutale Ausdrucksweise oder Drohungen. Ein solches Verhalten würde dem Kennzeichen, dass ein Ältester „nicht streitsüchtig" sein darf, absolut nicht entsprechen.

Woran erkennt man also einen nicht gewalttätigen Mann? Zuallererst, indem man sich sein Familienleben anschaut. Paulus schreibt vor, dass „er seine Kinder mit aller Ehrbarkeit in Unterordnung hält“ (1Tim 3,4). Körperliche Züchtigung wird hier nicht verboten, aber ein Ältester soll nicht unverhältnismäßig reagieren oder unberechenbar oder übermäßig strafen, was Kindesmisshandlung ist. Auch das Verhältnis zwischen Ehemann und Ehefrau sollte hier in Betracht gezogen werden. Er darf keine physische, emotionale oder verbale Gewalt anwenden.

Älteste sollen das Erlösungswerk Christi und die verändernde Kraft des Heiligen Geistes in ihrem Leben widerspiegeln. Jesus lebte Gewaltlosigkeit und forderte sie auch von seinen Nachfolgern (Mt 26,52).

DAS GILT FÜR ALLE GLÄUBIGEN:

„Die Frucht, die der Geist wachsen lässt, ist: Liebe, Freude, Friede, Geduld, Freundlichkeit, Güte, Treue, Sanftmut, Selbstbeherrschung. Dagegen hat das Gesetz nichts einzuwenden.“ *(Galater 5,22-23, NeÜ)*

„Ich aber sage euch: Verzichtet auf Gegenwehr, wenn euch jemand Böses antut! Mehr noch: Wenn dich jemand auf die rechte Wange schlägt, dann halte ihm auch die linke hin.“ *(Matthäus 5,39, NeÜ)*

FRAGEN:

❶ Nein ❷ Meist nein ❸ Neutral ❹ Meist ja ❺ Ja

1. Bist du in der Lage, auch dann noch Mitgefühl für andere zu haben, wenn sie dich persönlich angreifen?	
2. Bleibst du ruhig, d. h. ohne zu Drohungen oder Tätlichkeiten zu greifen, wenn andere dir Unrecht tun?	
3. Fühlen sich deine Frau und Kinder jederzeit sicher in deiner Gegenwart?	
4. Kannst du gut mit Kritik umgehen?	
Trage das Resultat hier und in die Gesamteinschätzung am Ende des Buches ein.	

GESAMTEINSCHÄTZUNG

Trage deine Ergebnisse aus den vorhergehenden Fragen in diese Tabelle ein. Addiere die Punktzahl am Ende. Wenn du die Einschätzung einige Jahre später noch einmal vornimmst, kannst du die Punkte in der nächsten Spalte eintragen und so deine Fortschritte feststellen.

WUNSCH	Vom Geist motiviert			
	Ein gottesfürchtiger Wunsch			
	Bereitwillig dienen			
	Nicht widerwillig			
INTEGRITÄT	Untadelig			
	Guter Ruf			
	Anständig / sittsam			
	Heilig			
	Aufrichtig / gerecht			
	Vorbildlich			
GOTTES WORT	Treu dem Wort Gottes gegenüber			
	Lehrfähig			
	Mit der gesunden Lehre ermahnen und ermuntern			
	Irrtümer aufdecken			

FAMILIE	Mann einer Frau			
	Gehorsame Kinder			
	Dem eigenen Haus und der Familie gut vorstehen			
PERSÖNLICH	Das Gute liebend			
	Besonnen / bedacht			
	Selbstbeherrscht			
	Nüchtern / gemäßigt			
	Kein Neubekehrter			
	Kein Trinker			
	Nicht gierig / nicht geldliebend			
BEZIEHUNGEN	Gastfrei			
	Sanft / freundlich			
	Nicht herrschend			
	Nicht streitsüchtig			
	Nicht jähzornig			
	Nicht eigenmächtig			
	Nicht gewalttätig			
GESAMTPUNKTZAHL				

Alexander Strauch
Biblische Leiter-Schulung
Serie 1: Grundzüge neutestamentlicher Gemeindeleitung

Alexander Strauch und vier andere Leiter aus den USA haben ihr Bibelwissen und ihre jahrzehntelange Erfahrung mit dem Thema „biblischer Ältestendienst“ in Form von über 200 Kurzvideos mit Gesprächsfragen und zusätzlichen Texten verfügbar gemacht. Die DVD bietet die ersten 10 Einheiten dieser Serie. (Weitere Informationen siehe https://www.gesunde-gemeinden.de/du-lernst/leiter-schulung/)

Double-Layer-DVD, 2 Std. 23 Min.
Best.-Nr. 271 639
ISBN 978-3-86353-639-8

Alexander Strauch
Älteste
Grundzüge neutestamentlicher Gemeindeleitungg

Seit vielen Jahren ist Alexander Strauch durch „Biblische Ältestenschaft“ weithin bekannt. Diese vorliegende Kurzfassung des Buches zeigt die Prinzipien einer Gemeindeleitung nach dem NT auf. Anhand der Bibel werden Voraussetzungen für Älteste vorgestellt sowie viele praktische Aspekte dieses Dienstes hilfreich dargelegt.

Tb., 64 S., 11 x 18 cm
Best.-Nr. 273 803
ISBN 978-3-89436-803-6

Alexander Strauch
Mit Liebe leiten

Dieses Buch gibt allen, die Menschen leiten und führen, ein klares Verständnis darüber, was die Bibel über die Liebe lehrt. Das zu verstehen ist für Leitungsaufgaben von großer Wichtigkeit. Dieses Buch wird helfen, diesen Dienst mit noch mehr Liebe auszuüben.

Gb., 256 S., 13,4 x 20,5 cm
Best.-Nr. 273 563
ISBN 978-3-89436-563-9